MONOGRAPHIES D'ARCHITECTURE

LE CORBUSIER À CAP-MARTIN

BRUNO CHIAMBRETTO

ÉDITIONS PARENTHÈSES

Cet ouvrage a été réalisé sous la direction de Claude Prelorenzo.

4

||||||||||||||||||||||||||||||||||||||||||||||||||||||||||||||||||||||||||||||||||||||||||||||||||||||||||||||||||||||||||||||||||||||||||||||||||

Ouvrage publié
avec le concours de
la Direction de l'Architecture
et de l'Urbanisme,
Bureau de la Recherche architecturale,
Ministère de l'Equipement, du Logement,
de l'Aménagement du Territoire
et des Transports,

et de la
Fondation Le Corbusier.

REMERCIEMENTS

Ce texte représente l'un des résultats d'un programme de recherche architecturale du Ministère de l'Equipement, du Logement, de l'Aménagement du Territoire et des Transports. Il fait suite à un travail de diplôme réalisé au sein du groupe INAMA à l'Ecole d'Architecture de Marseille. Il m'est impossible de citer, sans en oublier, tous ceux, parents et amis, qui m'ont encouragé et aidé à le mener à son terme. Je tiens néanmoins à remercier tout particulièrement Jean-Lucien Bonillo, mon directeur de fin d'études. Il est à l'origine du choix du sujet, m'a fait bénéficier de ses compétences en cours d'étude et en a constitué le crédit scientifique. — B.C.

**Le Corbusier devant son caba-
non à Cap-Martin en 1952
(photo Brassaï).**

« Je me sens si bien dans mon cabanon que, sans doute, je terminerai ma
vie ici [1]. » L.C.

1. Brassaï, *Les artistes de ma vie*,
Paris, Denoël, 1982, pp. 84-91.

Des activités de Le Corbusier [L.C.] à Cap-Martin, on a, pour l'essentiel, retenu le bain de mer. Plus particulièrement celui, fatal, du 27 août 1965 qui scellait son alliance avec la Méditerranée. Idéalement, la biographie du phare de la modernité s'achèverait par le retour définitif à cette source majeure de références architecturales. Est-ce l'impact de la tragédie qui a favorisé l'oubli des projets réalisés à Cap-Martin ?

Aujourd'hui, seuls quelques initiés se souviennent du cabanon, bâti en 1952, et encore moins des unités de camping achevées en 1957. Certes, les aspects singuliers de ces constructions ne sont pas étrangers au peu de sollicitude manifesté à leur égard.

Extérieurement elles semblent plus issues de l'univers prosaïque des loisirs populaires que d'une approche moderne et savante du projet architectural. Très exigus — 16 m^2 pour le cabanon et tout juste la moitié pour une unité de camping — les intérieurs ont, quant à eux, été soumis à un extrême degré d'élaboration. L'ensemble très contrasté de ces singularités produit des objets d'apparence peu explicite.

S'ils ne facilitent pas les recollements à l'*Œuvre complète*, cabanon et unités de camping n'en demeurent pas moins des lieux où se croisent des thèmes majeurs du travail de L.C. Là, réminiscences du voyage d'Orient, réflexions sur l'habitat minimal, mise en œuvre d'outils, de projets sophistiqués, expériences à la lisière de l'autoconstruction, évocations de particularismes locaux et généralisations sur des modèles spatiaux, entretiennent des rapports inédits qui méritent d'être évalués.

7

À LA SOURCE

8

Vue aérienne du site de Cap-Martin. Le cabanon et les unités de camping sont situés à la racine du cap Martin, sur une étroite bande de terrain coincée entre le chemin de fer Nice-Vintimille et le domaine public maritime.

La parcelle de l'Etoile de mer vue depuis la plage de Cabé ; en haut à gauche, les unités de camping, à droite la « chambre de travail » de Le Corbusier ; au premier plan, la villa E1027.

Conjointement à leurs relations avec la doctrine et l'œuvre, l'intérêt de ces projets réside dans leur processus de conception. Ainsi, restitués dans un contexte élargi à Roq et Rob et aux unités de vacances, vastes propositions d'habitat groupé pour le site littoral de Cap-Martin, ils apparaissent comme les rudiments d'investigations dans les domaines de la flexibilité et de l'adaptabilité des espaces architecturaux et à ce titre — quel paradoxe ! — occupent une place à part entière dans la genèse des modèles proliférants, très en vogue au cours des années soixante et soixante-dix.

Par ailleurs, si l'on s'en tient strictement aux réalisations, leur modestie, loin d'offrir un motif de désintérêt, permet d'envisager des reconstitutions quasi exhaustives qui se révèlent comme des condensés très didactiques sur l'exercice du projet architectural par L.C.

Autant de motifs légitimant une réintégration du cabanon et des unités de camping aux champs de la critique et de l'historiographie. C'est l'objectif poursuivi par cette monographie, pour laquelle il s'agit aussi de prendre, dans le contexte de production des projets et des réalisations, la mesure de l'événementiel ; tant il est vrai que Cap-Martin est le théâtre d'un télescopage entre l'œuvre et l'univers personnel de l'architecte.

9

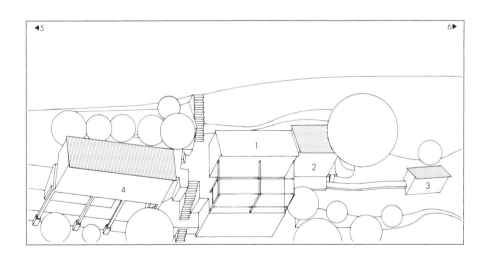

La parcelle :
1. guinguette l'Etoile de mer ;
2. cabanon de Le Corbusier ;
3. baraque de chantier, atelier de Le Corbusier ; 4. unités de camping ; 5. vers Monte-Carlo ; 6. vers Menton.

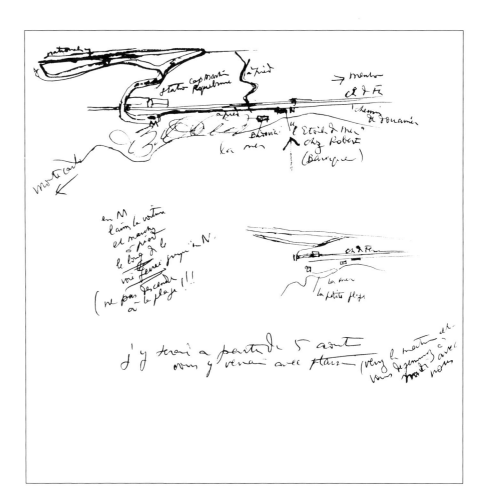

Croquis de situation du cabanon exécuté à l'attention de Willy Boesiger par Le Corbusier. « Monte-Carlo / station Cap-Martin-Roquebrune / à pied / Menton / chemin de douanier / Badovici / "L'Etoile de Mer" chez Robert (baraque) — En M laissez la voiture et marchez à pied le long de la voie ferrée jusqu'en N (ne pas descendre à la plage !!!) — chemin de fer / la mer / la petite plage. »

Le Corbusier se rendait depuis plusieurs années à Roquebrune-Cap-Martin, chez Jean Badovici, éditeur de ses premiers écrits, fondateur de l'*Architecture vivante,* propriétaire et concepteur, avec Eileen Gray, de la Villa E 1027, construite depuis 1927 au-dessus de la plage de Cabé, à la racine du cap Martin.

Cette villégiature a longtemps été un lieu de rendez-vous des avant-gardes artistiques de la capitale, et L.C. la connaissait bien qui, depuis les années trente, venait y réaliser des fresques murales. Elle marque un jalon dans l'histoire de l'architecture moderne ; lieu de convergence et de confrontations entre plusieurs thèmes clés de la modernité — espace minimal et déploiement du corps dans l'espace, méditerranéité, purisme, mise en œuvre des technologies avancées... Symptomatiquement le voisinage la dénommait « la maison blanche ».

Lorsqu'au mois d'août 1949 elle est choisie par L.C. comme lieu du travail sur le plan d'urbanisme de Bogota, avec José-Luis Sert, Paul-Lester Wiener, William Ritter, accompagnés d'une cohorte de dessinateurs, se pose un banal problème d'intendance : comment nourrir et loger vingt personnes, travaillant dans un endroit isolé, en bord de mer, inaccessible par automobile et loin de toute source d'approvisionnement ?

Thomas Rebutato, artisan plombier à Nice, avait, suite à quelques mauvaises fortunes, décidé de se retirer des affaires. Avec les produits de la liquidation de son entreprise, il acheta un terrain en friche, situé au-dessus de la Villa E 1027 et décida d'y bâtir un bar-restaurant et

CONSTRUIRE À CAP-MARTIN

quelques cabanons. La clientèle ne manquerait pas, parmi les Niçois, une clientèle friande des loisirs simples et bon marché qui se pratiquent traditionnellement au cabanon, version populaire du phénomène de double résidentialité.

Vint l'ouverture. Rebutato s'apprêtait à vivre quelques moments difficiles dans l'attente de ses premiers clients. Et si l'endroit était trop isolé ? Un matin, alors qu'il s'affairait avec son fils sur la terrasse de « l'Etoile de mer » (nom de baptême de l'établissement), un homme vint de la maison blanche, lui faire la proposition de nourrir vingt personnes au repas de midi. Sous réserve qu'elles soient satisfaites, cela se renouvellerait matin, midi et soir, quelque temps. A la fin du repas, venant exprimer sa satisfaction et confirmer l'offre du matin, l'homme se présenta. Il s'agissait bien sûr de Le Corbusier.

Durant un mois entier L.C. et Rebutato vont se côtoyer. Entre les deux hommes naît une amitié profonde qui durera jusqu'à leur mort. Les raisons de cette amitié sont nombreuses. Descendant d'une vieille famille languedocienne, qui avait fui la France pendant les guerres de religion, L.C. rêve d'un retour sur la terre de ses ancêtres, d'un lieu qu'il puisse posséder et où il recréerait des racines. Le site de Roquebrune lui plaît — sa femme est originaire de Menton, à quelques kilomètres de là — et il trouve en la personne de Rebutato un homme avisé, au fait de toutes les affaires réalisables dans le secteur, qui constituera certainement un contact de choix dans la région, propre à faciliter la réalisation de son

Thomas Rebutato au comptoir de l'Etoile de mer.

« A l'Etoile de Mer règne l'amitié — Saint André des Oursins », mural de Le Corbusier à Cap-Martin, 3 août 1950.

désir. L.C., à travers Rebutato, retrouve une image de l'humain qu'il invoque tout au long de son œuvre écrite : Rebutato, quittant les affaires, cherchant à redonner un sens à sa vie, par un contact étroit avec la nature, se dépêtrant des oripeaux de la civilité, peut personnifier cet « homme nu » que L.C. dépeint dans *L'art décoratif d'aujourd'hui*.

L.C. ne succomberait-il pas aussi à cet attrait des avant-gardes pour le « populaire », pour toutes ces sociétés en marge, dont les lieux d'élection sont au détour de la « grande ville » ?

Un contemporain et compatriote de L.C., Blaise Cendrars (né à la Chaux-de-Fond en 1887) nous décrit ses dérives entre l'Estaque et Drancy [1], dans ces banlieues formées de cabanons ou de roulottes où les hommes semblent vivre de rien, du moins de rien qui soit tangible. Là, les systèmes de valeur ordinaires n'ont plus cours et les élites, les avant-gardes, veulent bien croire au miracle d'une égalité retrouvée, d'une communication possible avec « le peuple ». « Rebutato n'était pas un ange » et, assurance ou inconscience, L.C. ne l'impressionnait nullement.

A Roquebrune-Cap-Martin, ce sont un tenancier de guinguette et un architecte célèbre qui vont se côtoyer et tenter de traiter des affaires. C'est sur cet anachronisme que s'articulent, de manière problématique, les démarches projectuelles de L.C. Démarches dont le motif profond n'est pas sans incertitudes et qui oscilleront entre deux pôles contradictoires.

1. Blaise Cendrars, *L'homme foudroyé*, Paris, 1945.

2. On se réfère dans ce chapitre à deux sources archivistiques essentielles : une lettre de L.C. à Rebutato du 27 mars 1950 (Archives Fondation Le Corbusier [F.L.C.], M2(9)643) et une lettre de L.C. au M.U.R. du 29 mars 1950 (F.L.C., M2(9)003).

13

D'un côté, le site de Cap-Martin est pris comme toile de fond d'un projet moderne :
— projet moderne dans son contenu programmatique, l'habitat collectif de loisirs ;
— projet d'actualité qui tente de répondre à un regain d'intérêt de l'Etat pour la protection des sites ;
— projet ambitieux, ayant vocation de modèle, dont l'objectif est de « rénover l'occupation des terrains du littoral méditerranéen [2] ».

De l'autre, ce site, et surtout le terrain où Rebutato a construit sa guinguette, seront de la part de L.C. objets d'une sollicitude qui procède du désir d'établir un pied-à-terre loin des regards habituels ; de chercher simplement un havre pour ses vieux jours ; de préparer un retour et une fin sur les bords de la Méditerranée où naquirent un jour l'architecture et la conscience du jeune C.-E. Jeanneret.

Les grandes causes favorisant parfois les modestes desseins, L.C. envisage en premier lieu les moyens de susciter une commande pour ses projets les plus ambitieux. Ainsi une première version de « Roq », réponse modélisée aux problèmes de l'habitat de loisirs et de l'urbanisation des sites littoraux en pente, est présentée à deux interlocuteurs :
— une commande privée, en la personne de Mme Delin, propriétaire d'un terrain situé sous les remparts de Roquebrune et qui semble désireuse de le rentabiliser ;
— la commande publique, plus précisément le ministère de la Reconstruc-

tion qui « recherche des solutions de sauvegarde des versants du littoral ».

Le contenu programmatique du projet n'est pas l'objet d'une formulation explicite. Au contraire, il semble qu'entretenir un certain flou sur la question du programme garantisse un plus grand succès auprès des commandes potentielles. A ce sujet, les lettres que L.C. adresse à l'Etat, ou à Rebutato (qui a la charge de convaincre Mme Delin) sont révélatrices. Dans sa présentation des projets, L.C. adapte le discours sur leur contenu programmatique aux attentes qu'il pressent chez ses interlocuteurs. Au ministre de la Reconstruction, il fait valoir l'intérêt du projet en matière de protection des sites, alors qu'au propriétaire, tout en faisant remarquer que l'Etat verrait d'un bon œil toute opération de ce type, il fait valoir la garantie d'une bonne rentabilisation de son capital foncier et l'assurance d'une bonne commercialisation des appartements.

Dans les premières études sur le projet Roq, L.C. met l'accent sur le programme du logement. Il cherche la satisfaction pour chacun, des conditions d'isolement, de vue, d'ensoleillement et veille à permettre la plus grande flexibilité d'aménagements internes grâce à la standardisation et l'interchangeabilité complète des éléments constructifs. A cette fin, et comme périodiquement tout au long de son œuvre, il sollicitera la formation d'une filière industrielle de production du bâtiment, notamment auprès des aluminiums Pechiney qu'il tente d'engager dans la fabrication d'un système constructif par composants faisant l'objet d'un dépôt de brevet sous l'appellation « volume alvéolaire 226 x 226 x 226 ».

14

Techniquement très sophistiqué, ce système aurait autorisé de multiples combinaisons entre éléments structurels et éléments de remplissage, il aurait aussi offert un potentiel d'extension quasi illimité.

Parallèlement au déroulement de ces entreprises, L.C. ne délaisse pas la recherche d'une solution apte à satisfaire ses propres désirs de villégiature. Il a jeté son dévolu sur le terrain de l'Etoile de mer et y projette plusieurs extrapolations à petite échelle de Roq. C'est la série des projets « Rob » dont l'objectif est de convaincre Rebutato de laisser s'engager une opération sur sa propriété.

Dès les premières propositions, le contenu programmatique de Rob est assez précis car il est largement empreint de motifs personnels à L.C. Après s'être, pour d'obscures raisons, brouillé avec Jean Badovici, il décide de reproduire les conditions de travail — en les améliorant bien sûr — qu'il trouvait à la Villa E 1027, sur la parcelle immédiatement voisine.

Le programme du projet Rob regroupe sur le terrain de l'Etoile de mer six appartements dont les rez-de-chaussée communicants sont prévus à l'usage d'ateliers et « douze chambres pour campeurs » destinées à loger des dessinateurs, ou des passagers supplémentaires lors d'éventuelles rencontres de grande envergure. Rebutato aurait géré l'affaire, L.C. se chargeant de la financer.

Jusqu'en 1951, L.C. conçoit plusieurs versions de Roq et Rob. Mme Delin et Rebutato étant désormais convaincus de l'intérêt qu'ils trouveraient dans la réalisation de ces projets. Mais n'obtenant ni les financements nécessaires, ni un écho favorable dans le monde industriel, l'opération est sans cesse reportée. Pour Rebutato, il ne s'agit encore que de quelques contretemps et ils ne peuvent entamer l'espoir de voir un jour son terrain aménagé et devenir une fructueuse source de bénéfices. Cet optimisme le conduit à accepter que L.C. fasse construire un cabanon mitoyen à sa guinguette. En attendant la réalisation de Rob, ce sera la solution au problème du logement de son meilleur client. De plus, cela donnera en avant-première une idée sur les aménagements internes de Roq et Rob. Toutefois, L.C. ne nourrit plus d'illusions sur la viabilité de ces projets. Cela explique l'écart qu'il y aura entre le cabanon et ses objectifs déclarés[3] ainsi que le changement radical intervenant après sa construction dans les stratégies de projet qu'il développera à Cap-Martin.

Renonçant à Roq et Rob, ainsi qu'à solliciter la mise en place d'une filière industrielle pour sa construction, L.C. reporte désormais ses préoccupations sur le cabanon et le considère comme le modèle d'un espace standard, constructible en série mais aussi réalisable sur commande par des entreprises artisanales. Le cabanon est alors dénommé « Prototype Blockhaus » et son développement est envisagé à travers plusieurs formes de groupement. L'une d'elles est plus particulièrement intéressante en tant que reformulation des anciens projets Rob. Dans cette proposition, appelée « Unités de vacances », des cabanons sont insérés librement aux divers niveaux d'une construction en béton située au bord

3. Dans l'Œuvre complète, le cabanon est présenté comme « application révélatrice » sans plus de précision, juste à la suite de l'exposé sur Roq et Rob et le brevet 226 x 226 x 226. On ne trouve toutefois aucun élément de concordance entre les deux projets, que ce soit sur le plan constructif ou sur celui des aménagements internes. Enfin dans Modulor II, la parole est aux usagers, L.C. déclare à propos du cabanon et des unités de camping : « [...] je m'appuyais sur un brevet [...] 226 x 226 x 226 [...]. Nous nous trouvons là au cœur du problème : réaliser le volume habitable alvéolaire ». L'emploi de « 226 x 226 x 226 » comme nom d'usage pour le volume habitable alvéolaire révèle l'importance qui est donnée dans ce cas précis à la question dimensionnelle. Le cabanon quant à lui mesure 366 x 336 x 226 ; il ne peut être considéré comme une application stricto sensu du volume alvéolaire.

4. Compte rendu de la réunion du comité de l'Atelier de la rue de Sèvres du 5 mars 1955 (F.L.C., M2[9]181920).

5. Brassaï, Les artistes de ma vie, Paris, Denoël, 1982, pp. 84-91.

15

de l'eau, en contrebas du cabanon personnel de L.C. et la guinguette l'Etoile de mer.

En 1955, alors que les Unités de vacances sont sur le point d'être construites (permis de construire obtenu, financement assuré, entreprises missionnées) L.C., prétextant la submersibilité du terrain par forte tempête, annule le projet. Dans son entourage on pense que, plus qu'un réel problème constructif, le motif de cet abandon fut le désir de rester tranquille sur son « bout de rocher battu par les flots ».

La série de projets de L.C. pour Cap-Martin s'achève en 1957, lorsqu'en échange d'un titre de propriété lui assurant la jouissance définitive de son cabanon et du terrain qui l'entoure, L.C. conçoit et finance pour Rebutato la construction de cinq petites chambres d'hôtes sur le terrain de l'Etoile de mer[4]. Cette réalisation, dénommée « Unités de camping » est une extrapolation du cabanon . C'est le dernier reliquat du projet Rob qui était encore, au début des années quatre-vingt, exploitée à des fins hôtelières par Mme Rebutato.

Dans l'entretien qu'il accorde à Brassaï au mois d'août 1952, L.C. déclare : « Je me trouve si bien dans mon cabanon que, sans doute, je terminerai ma vie ici[5]. » Peut-être commence-t-il par souci — bien connu — de la postérité, à mettre en scène sa fin : mourir seul, près d'une cabane construite sur le rivage méditerranéen...

Le Corbusier sur la terrasse
de l'Etoile de mer.

Les projets Roq et Rob [1] ont pour objectif de remédier à la dégradation des sites de la Côte d'Azur par la prolifération de résidences individuelles [2]. Que L.C. propose un habitat horizontal peut paraître paradoxal, d'autant plus que cette solution est formulée à un moment où, violemment critiqué au sujet de l'Unité d'habitation, il défend les immeubles collectifs verticaux de manière polémique. Toutefois, les projets Roq et Rob ne remettent pas en cause la globalité de ses conceptions en matière d'urbanisme. Au contraire, ils peuvent être considérés comme des expérimentations sur une forme d'habitat qu'il intégra à toutes ses propositions urbaines. Dans le plan « d'une ville contemporaine », « Cités jardins verticales et cités jardins horizontales » ont chacune leur zone réservée.

Pour L.C., l'habitat individuel et la cité jardin ne posent de problèmes que dans la mesure où leur croissance anarchique provoque une surconsommation foncière et l'engorgement de la périphérie des grandes villes. Ainsi, une bonne partie de ses premières œuvres est consacrée à la question de la cité jardin [3]. D'une certaine façon, à travers les projets Roq et Rob, il renoue avec ses anciens thèmes de prédilection jusque dans l'instrumentation du projet, semblant, à Roquebrune, utiliser largement les acquis de recherches antérieures, et se limiter à des mises au point techniques.

Ainsi, le concept de volume alvéolaire était-il apparu dans le projet de la Cité Frugès à Pessac [4]. Il en est de même pour la rangée qui est, depuis le milieu du XIXe siècle, un modèle urbanistique

1. Sous le terme générique « Roq et Rob » sont regroupés deux projets qui procèdent du même modèle architectural, mais sont distincts de par leurs lieux d'implantation et leurs programmes. Le projet Roq est en quelque sorte une préfiguration des « villages de vacances » que l'on voit, depuis les années soixante, se multiplier dans les zones touristiques. Son programme associait de trente à quatre-vingts logements (selon les variantes), un restaurant, et des équipements de loisirs dans une structure mi-locative, mi-hôtelière. Il devrait être construit sur un terrain accroché à un versant abrupt descendant vers la mer et dominé par les remparts de Roquebrune, d'où son nom « Roq ». Le projet Rob dont le programme, dans sa version la plus ambitieuse, consistait en six logements de vacances pour artistes, et douze petites chambres pour hôtes de passage, devait être construit sur un terrain situé au bord de mer, à la racine du cap Martin où le propriétaire avait établi une guinguette du nom de l'« Etoile de mer » ; ce dernier, Thomas Rebutato, se faisait surnommer Robert, d'où « Rob », nom du projet.

2. L.C. s'explique sur cette question dans l'*Œuvre complète, 1946-1952*, p. 54.

17

R O Q E T R O B

3. Notamment les projets conçus entre 1910 et 1917 dont la référence aux réalisations de Raymond Unwin est manifeste. A ce sujet voir Brian Brice Taylor, *Le Corbusier et Pessac*, Paris, F.L.C., Harvard University Press, 1972.

4. Voir dans *Vers une architecture* (Paris, 1923, rééd. Paris, Arthaud, 1977, pp. 210-211) les lotissements à alvéoles.

largement répandu. Par ailleurs, les types de logements ont été expérimentés à l'occasion du projet de l'unité d'habitation. Enfin, les projets pour la Sainte-Baume (qui précèdent « Roq et Rob ») ont été le véritable lieu de création d'une architecture que, sous bien des aspects, les projets de Roquebrune ne font que reproduire. Ce préambule justifie le fait que ne soit pas abordée, dans un premier temps, la question du modèle spatial proposé à Roquebrune-Cap-Martin. Il paraît en revanche tout à fait intéressant d'analyser les modalités de contextualisation de ce modèle et la façon dont L.C. traite, tout au long du processus de conception, la question du « local ».

C'est certainement sur ce plan que sa démarche apparaît comme la plus novatrice par rapport à ses antécédents pratiques et théoriques. Il est lui-même assez explicite à ce sujet et lors des diverses présentations de « Roq et Rob », il insiste sur leur « motif primordial » : trouver une architecture véritablement méditerranéenne adaptée à la topographie spécifique du littoral azuréen.

L'ESQUISSE DU SITE, L'ESPACE DU PROJET
Les premières esquisses de L.C. pour le projet Roq ont été réalisées le 7 septembre 1949. Entre deux séances de travail qu'il menait avec Josep Lluis Sert et Paul-Lester Wiener sur le nouveau plan d'urbanisme de Bogota. L.C. se trouvait à « l'Etoile de mer ». Autour de la terrasse en belvédère de la guinguette, se déroulait sur 270° « le Panorama

méditerranéen ». A l'est, le cap Martin ; au sud, la mer ; à l'ouest, dans le lointain, Monaco et ses premiers gratte-ciel embrumés ; au nord, les Alpes se jetant dans la mer, et accroché à flanc de versant, le village de Roquebrune. C'est depuis cet endroit que L.C. découvre la propriété de Mme Delin, une cliente de Rebutato. Le terrain monte au loin depuis le bord de la route nationale n° 7 jusqu'à un ressaut de la pente dominée par les remparts de Roquebrune.

Assis à un « coin de table », L.C. dessine rapidement sur trois feuillets de son carnet de croquis la solution architecturale qu'il proposera plus tard pour l'occupation du terrain. Il s'agit d'un habitat résidentiel groupé, se développant au ras du sol suivant le relief d'un versant abrupt qui descend vers la mer. La forme d'ensemble du groupement est un carré, posé dans le sens de la pente et scindé en deux par un axe frontal de pénétration. Le carré est décomposé en trois rangées parallèles qui descendent graduellement le versant. La rangée médiane interrompue en son milieu libère au centre du groupement un espace de plan carré. Chaque rangée assemble entre mitoyens des logements d'un ou deux étages dont les toitures sont voûtées.

L'instantanéité de la réponse est étonnante pour un architecte qui prétendait faire précéder le moindre trait par un long temps de maturation. Au-delà de l'opportunité purement commerciale — chercher à séduire un client dans l'instant par l'évidence d'un croquis — deux ordres de raison peuvent expliquer cette rapidité :

— d'une part, à l'occasion du projet pour la Sainte-Baume, L.C. avait déjà abordé la question d'un habitat modulaire groupé sur site de pente ; le modèle de référence existait (au moins dans sa dimension typologique), restait à l'adapter au site de Roquebrune ;

— d'autre part, la nature même de ces croquis fait apparaître une volonté d'imprégnation du projet par le site, volonté qui n'est pas sans aspects contradictoires ; c'est ce qui ressort de certains aspects graphiques des esquisses de L.C.

La première, qui représente conjointement le projet et son environnement dans une perspective lointaine, traite de manière équivalente l'architecture et le site, aussi bien d'un point de vue graphique que compositionnel. De cette façon, elle manifeste l'intention d'identifier le projet au paysage qui l'entoure.

Le dessin du plan masse dénote en revanche une intention opposée : la figuration de la courbe des voûtes couvrant les logements comme si elles étaient vues de face peut signifier la volonté de tirer parti d'une pente très forte pour rendre le plan du regroupement lisible, autant qu'une façade à un observateur éloigné.

Le site de la Côte d'Azur orientale, avec ses belvédères, ses routes en corniche... offre de nombreuses positions favorables à une telle vision. Dans ce cadre, la stricte définition géométrique du plan le rend apte à jouer d'un rapport d'opposition à la naturalité du site, et il peut devenir une forme signifiée en tant que telle de l'objet architectural. La

19

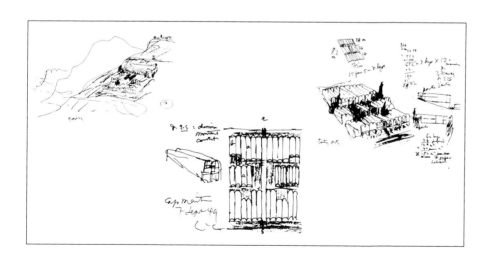

Premières esquisses pour Roq, 7 septembre 1949 (Œuvre complète, 1945-1952, p. 54).

transgression de la convention de représentation en plan est aussi une conformation au langage de la peinture puriste lorsque, par exemple, elle représente par un cercle le goulot d'une bouteille vue de face. Ainsi le plan de masse est en quelque sorte traité comme un tableau. Un tableau dont le sujet serait une figure idéale type de l'architecture et de la ville. Il est en effet possible — en faisant abstraction des problèmes d'échelles — d'y relever des affinités iconiques avec le modèle méditerranéen de la maison à patio (le carré avec un espace libre au centre), ou celui de la ville romaine en damier (ici représenté par un fragment, une sorte d'îlot). L.C. confirmerait donc dans ce dessin l'intention qu'il exprimait [5] de proposer une architecture « véritablement méditerranéenne [...] continuant les plus anciennes et les plus nobles traditions », à moins qu'il ne faille lire ce propos dans la référence — par ailleurs revendiquée [6] — du projet aux villages méditerranéens.

En faisant directement référence à des archétypes méditerranéens, l'architecte semble prendre en compte une spécificité géoculturelle du site. En les transposant dans l'espace du tableau, à l'instar d'un paysage, d'une bouteille ou « d'objets à réaction poétique », il leur assigne avant tout une valeur emblématique : celle de l'universalité des formes de la tradition, propres à émouvoir un homme « animal géométrique ».

5. Lettre au M.U.R., 29 mars 1950 (F.L.C., M2(9)3).

6. *Œuvre complète, 1946-1952,* p. 54.

20

Roq, modèle théorique, la façade d'ensemble, 15 décembre 1949 (*Œuvre complète, 1949-1952*, p. 55).

UN MODÈLE THÉORIQUE D'OCCUPATION DES VERSANTS MÉDITERRANÉENS

En décembre 1949, à l'Atelier de la rue de Sèvres, les esquisses sont retranscrites dans deux dossiers, respectivement appelés « Roq » et « Rob », qui proposent à des commandes potentielles (privées et publiques) un modèle d'habitat de loisirs destiné à l'aménagement des versants du littoral méditerranéen. Elaborés à l'occasion des projets que Le Corbusier désire faire réaliser à Roquebrune-Cap-Martin, ces dossiers sont à la fois représentatifs d'un état d'avancement du travail sur les projets pour Cap-Martin, et d'une recherche à vocation générale sur un modèle d'habitat.

Le modèle ne s'articule pas à un lieu précisément déterminé. Son site d'inscription est une vision moyenne des franges littorales de la Côte d'Azur, sous les angles de leur topographie (réduite à la notion de pente) et d'une topologie d'éléments naturels (terre, mer, face à l'horizon et à la course du soleil). Certains éléments interprétés des formes d'urbanisation vernaculaire sont intégrés dans la définition du site. Il s'agit essentiellement d'un réseau viaire, décomposé en grande route littorale et chemins vicinaux ou piétons. Des articulations entre réseau de distribution du projet et réseau viaire existant sont figurées. Sur les dessins de façades, l'image dans le lointain du vieux village de Roquebrune vient compléter la représentation du site.

21

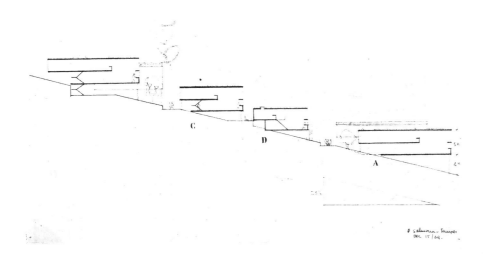

Roq, coupe d'ensemble, 15 décembre 1949 (FLC 18767).

Roq, modèle théorique, types de groupements, 15 décembre 1949 (FLC 18764).

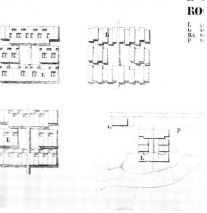

Alors que le projet lui-même se présente comme un fragment urbain autonome, la composition du dossier (propositions d'ensemble, propositions de détail, schémas de principe, etc.) fait apparaître la mise en place de deux niveaux de conception.

A partir du global, sont conçues les caractéristiques d'ensemble du groupement et de sa relation au site. La forme de la proposition — dans la solution idéale, c'est un carré avec un espace libre au centre — a été définie selon deux points de vue. Une définition externe inscrit la géométrie du plan (surface, limites) dans le site naturel, orientée selon un axe géoclimatique et disposée selon l'accessibilité depuis le réseau viaire existant ; une définition interne traite le découpage de la figure d'ensemble et organise les relations entre espaces libres, bâtis et de circulation.

A partir de l'élémentaire sont abordés les typologies de logements et leurs modes d'assemblages. La variété des plans est recherchée dans un cadre qui fixe les sens de pénétration, l'enveloppe (parallélépipède et subdivisée en deux niveaux), l'orientation (en fonction des données héliothermiques et des conditions de vue) et enfin la règle de mitoyenneté pour toutes les cellules.

LA RÉINTERPRÉTATION DES ÉLÉMENTS DU LOCAL
A la fin de l'été 1950, L.C. met à profit un nouveau séjour à Cap-Martin

Rob, types de logements, 15 décembre 1949 (FLC 18668).

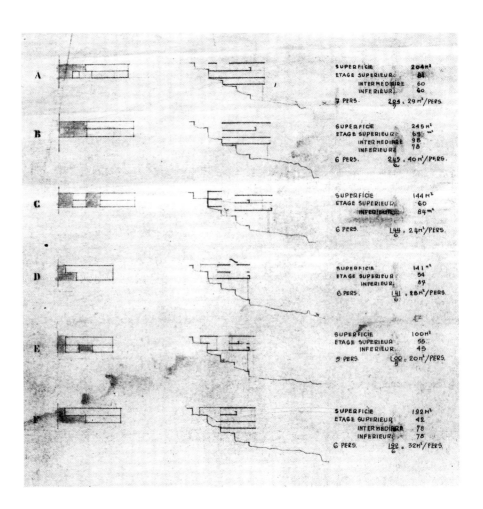

pour reprendre le travail, suspendu depuis huit mois, sur les projets Roq et Rob.

Concernant « Rob », ses esquisses traduisent davantage le souci d'enrichir et de formaliser des éléments de programme que d'adapter précisément au terrain de l'Etoile de mer le modèle étudié antérieurement. Sur un plan du terrain inexact qu'il a hâtivement dressé, il positionne approximativement les deux éléments principaux du projet. Douze cellules de 226 x 226 x 226, destinées à être louées à des campeurs de passage, sont assemblées en rangée sur la partie supérieure du terrain, dans le prolongement de la petite guinguette de Rebutato. La construction d'une deuxième rangée de dimensions plus importantes groupant un nombre indéterminé de logements est prévue dans la partie basse du terrain, sur les rochers du bord de mer.

L.C. considérait un peu Roquebrune comme son « atelier d'été » et il comptait reproduire dans cette construction les conditions de travail qu'il trouvait auparavant à la Villa E 1027 ; cela explique la présence de « salles de travail » à l'étage inférieur de chaque logement. Toutefois, le manque certain de précision mis dans ce travail indique qu'à ce moment L.C. concentre son attention sur le projet Roq aux enjeux autrement importants. Ce sont ses derniers moments de présence à Cap-Martin avant le retour à Paris et le passage des études sur les planches à dessin, dernières occasions pour concevoir au contact direct du site les solutions d'aménagement du terrain de Mme Delin.

23

Rob, façade d'ensemble, 15 décembre 1949 (FLC 18676).

Plus qu'à une approche unique du projet, L.C. se livre alors à une série de notations mêlant relevés et propositions de principe ou de détail, se préoccupant successivement de la technique constructive, des références aux architectures vernaculaires et enfin des principes d'implantation sur le terrain et en rapport avec le site environnant. Alors même que l'année précédente il déclarait à Rebutato qu'un brevet protégeait la technique envisagée pour la réalisation de « Roq et Rob », ce n'est qu'à ce moment, à un stade avancé des études, que L.C. aborde précisément la dimension constructive du projet.

Le procédé technique est une sorte de Mécano, dont l'élément de base, une cornière métallique de 2,26 m, sert à la fois de poteau et de poutre. Sa dimension modeste lui permet de résister aussi bien à la flexion qu'à la compression. L'assemblage de douze cornières par soudures électriques constitue un cube de 226 x 226 x 226, lui-même reproductible et permettant, par additions, de constituer une structure tridimensionnelle, isotrope et extensive.

L'aménagement de la structure est assuré par des éléments de remplissage qui se partagent en éléments fixes — parois, planchers, toitures, escaliers — et éléments mobiles — portes pivots, panneaux vitrés. A cette nomenclature viennent s'ajouter des éléments fonctionnels tels les placards, rangements, équipements de cuisine et sanitaires. Tous se présentent sous la forme de panneaux de 226 x 226, ou pour les escaliers d'un volume de 226 x 226 x 226, et sont exactement ajustables à l'ossature

24

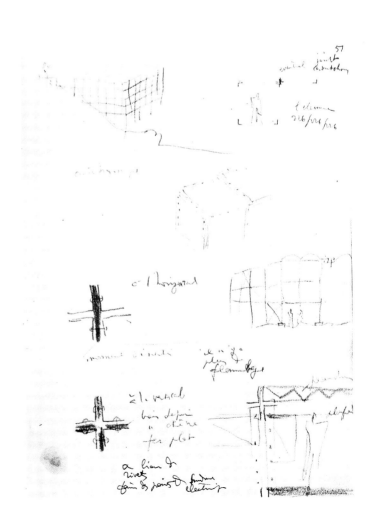

de base.

Ce système constructif est la matérialisation directe, sans médiations, d'une grille de conception modulaire ; il préfigure les modèles « proliférants » qui se répandront autour des années soixante-dix. Toutefois, pour « Roq et Rob », L.C. n'en utilise pas toutes les possibilités, puisqu'il limite le développement — potentiellement infini — de cette structure à l'enveloppe des logements ; ceux-ci sont donc parfaitement indépendants les uns des autres. Les longueurs des logements correspondent généralement à des nombres entiers de modules ; en revanche, dans la largeur, de part et d'autre d'un noyau constitué par deux modules, des marges de 70 cm instaurent des irrégularités dans le développement de la trame. Une incertitude subsiste quant à la définition technique de ces marges. Entre un plancher en porte à faux et deux travées supplémentaires de 70 cm, le choix n'a pas encore été effectué.

Il y a peu d'explications à ces ambiguïtés constructives. Il est possible que la stricte indépendance de chaque logement soit dictée par des impératifs parasismiques ; mais il est aussi probable que L.C. ne désire pas remettre en cause des principes définis dans le modèle déjà élaboré. Dans le même temps, en quête de références vernaculaires, L.C. réalise quelques relevés architecturaux et des fragments d'analyses urbaines au cours de promenades dans les villages de Peihle et de Roquebrune.

On remarquera tout d'abord que ces études, qui selon

25

Etude théorique, 226 × 226 × 226, juillet 1950 (FLC, Carnet Nivola, pp. 51/53).

lui avaient initié le projet, interviennent à un stade avancé de la conception, bien après que le modèle spatial a été formalisé. Il est donc vraisemblable que, plutôt qu'à une lecture méthodique des formes villageoises, nous ayons affaire à une recherche d'éléments destinés à confirmer les choix développés dans « Roq et Rob » et plus généralement tout au long de son œuvre. C'est ainsi que selon ses croquis, la forme villageoise est une juxtaposition d'édifices structurés autour des rues — sortes d'épines dorsales du bâti — montant en « spirales » à l'assaut du relief tourmenté sur lequel le village est perché. La « rue » fait l'objet de notations précises, qui insistent sur sa fonction distributive et son aspect d'espace interne — « ... plafonné [...] tuyau d'ombre... ».

L.C. ne fait pas de relevé précis sur les types bâtis, remarque seulement leur mitoyenneté et dessine, sans détails internes, leurs plans traversants à double orientation. Il se désintéresse des façades sur rue, au profit des façades arrière, qu'il transforme en façades avant puisqu'il y situera les « yeux de la maison [7] ». Il insiste sur le fait qu'elles ouvrent sur le vaste paysage extérieur : « ... Le dehors, c'est la prise de possession du paysage... ». On ne peut que relever la similitude entre le système villageois tel que le caractérise L.C. à Roquebrune et l'organisation de l'Unité d'habitation ou du projet Roq, nous entendons par là les articulations rue intérieure/cellule, cellule/loggia, loggia/paysage...

A la suite de ses relevés dans Roquebrune, L.C. tente de reproduire le système villageois à l'intérieur de la grille 226 x 226. Ces

études n'aboutiront pas et n'auront que peu d'effets sur le développement ultérieur du projet Roq. Il est tout de même intéressant de noter qu'elles préfigurent les tentatives de recréation de milieux urbains à travers des structures tridimensionnelles que l'on verra se développer à partir du milieu des années soixante.

Les dernières recherches menées par L.C., en cette fin d'été 1950, portent sur les possibilités d'implantation réelles du projet Roq dans la propriété de Mme Delin. Foncier, paysage et principes d'articulations du projet à son site constituent les sujets principaux de la série de croquis qu'il dessine alors.

Le terrain de Mme Delin est situé sous les remparts de Roquebrune, dans une zone agricole de forme trapézoïdale, presque carrée ; il est parcouru du bas en haut par un escalier central et approche donc de la forme idéale pour l'inscription du modèle théorique élaboré antérieurement. Dans un premier croquis, L.C. différencie les allocations spatiales sur la parcelle : hôtellerie, appartements locatifs et logements des hôteliers dans la partie basse du terrain à gauche de l'escalier ; copropriété sur tout le terrain restant qui ferait l'objet d'une division en lots.

Concernant le paysage, les études de L.C. comportent deux aspects. Tout d'abord, il relève les grandes composantes topographiques et morphologiques du terrain : les terrasses sont prises en compte comme structure globale du terrain dont elles domestiquent la pente, mais chacune est aussi dissociable et peut constituer un sous-espace homo-

Terrain Delin, relevé ; « il faudrait conserver l'escalier central à joints rustiques », 11 août 1950 (FLC, Carnet Nivola, p. 81).

La lecture du vernaculaire et sa transposition dans la grille ; « la rue est une spirale avec des marches ouvrant sur des dégagements avec 1 ou plusieurs portes / c'est comme un madrépore, un coquillage, le dehors c'est la prise de possession du paysage », 29 juillet 1950 (FLC, Carnet Nivola, p. 63).

gène. L'escalier central, que L.C. avait déjà intégré au projet lors des premières esquisses ou de l'élaboration du modèle théorique, fait l'objet de notations précises. Sa conservation est envisagée. La prise en compte de ces éléments du site s'accompagne d'un intérêt particulier pour les matériaux les composant. C'est leur rusticité qui retient l'attention de L.C.

Le second aspect de l'analyse du site est posé en termes paysagers, et se traduit essentiellement par un repérage et une sélection de vues. Le propos n'est pas de dresser un tableau général du terrain. L'aspect global du rapport du projet au site a été envisagé antérieurement. En revanche, à travers quelques croquis, L.C. repère méthodiquement les vues « à offrir » aux futurs usagers de la résidence. Ici est mis en pratique le concept de « paysage type » que L.C. définit de manière théorique dans ses écrits [8]. La « nature » qu'il se propose « d'inscrire dans le bail [9] » est le pur produit de son regard, véritable objet qu'il compose en sélectionnant les angles de vision, en cherchant les positions les plus favorables. Les vues qu'il dessine à ce moment ont des caractères bien définis : elles sont composées en deux plans distincts et opposés, l'espace proche et le lointain ; les perspectives continues et tous les plans moyens en sont absents.

Dans ces dessins, les premiers plans revêtent les caractères de l'habitabilité, la planche y devient le plancher, l'arbre, l'abri. Quant au lointain, il surgit toujours en rupture d'échelle, comme un tableau. Bien orientée, la pente se révèle une solution naturelle pour sa

7. *Ibid.*

8. Voir trois croquis dans *Manière de penser l'urbanisme* 1946 (rééd. : Paris, Denoël Gonthier, 1982, p. 83).

9. L.C., F. de Pierrefeu, *La maison des hommes*, Paris, Plon, 1942, p. 89.

10. L.C., *La ville radieuse*, Paris, Vincent, Fréal et Cie, 1964, p. 159.

11. L.C., *Vers une architecture*, op. cit., p. 43.

12. Le terme est employé par Maurice Besset dans *Qui était Le Corbusier*, Genève, Skira, 1968, p. 126 (réimp. : Paris, Skira, 1987).

27

conception de la résidence et de son rapport à l'espace urbain : « ... ainsi, chaque ville devrait avoir son axe vital fixé par le soleil [10]... », « ... et toutes les fenêtres donneront en plein ciel [11]... ».

Alors que les premières esquisses de Roq et Rob représentent une conception globale des rapports entre projet et site, les dessins que réalise maintenant L.C., ainsi que des notes qui les accompagnent, donnent des indications précises sur l'articulation du projet à son terrain et font plus particulièrement ressortir la volonté de tirer parti des potentiels de l'existant, de faire du site la matrice du projet.

Ainsi, les terrasses constituent les supports de distributions et des prolongements extérieurs des logements, leurs orientations donneront les orientations des rangées bâties. L'existant donnera l'échelle de l'aménagement de l'espace : « la terrasse doublée deviendra une rue horizontale » et il faudra employer « ce trésor d'échelle ». Ici, le site est considéré comme le trésor dans lequel l'architecte puise les ressources de la conception, et l'architecture apparaît comme le produit d'une métamorphose du site. Par ailleurs, le projet est désigné sous le terme « d'architecture en croûte », il formerait donc comme une sorte d'excroissance du site [12].

A l'intention d'utiliser les potentiels de l'existant, s'ajoute la volonté de préserver certains éléments. Ceux-ci seront retenus pour leur rusticité et leur naturalité : « Il faudrait conserver l'escalier central à joint rustique. [...] Il faudrait conserver cette échelle naturelle » (à propos

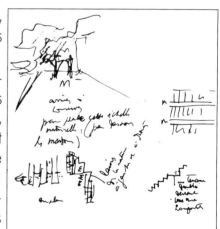

Esquisses d'adaptation de Roq ; « arriver à conserver par place cette échelle matricielle (par-dessous la maison) », 11 août 1950 (FLC, Carnet Nivola, p. 77).

Le paysage depuis le terrain Delin ; « la mer / Monaco / la planche / attention ! conserver ce trésor d'échelle », 11 août 1950 (FLC, Carnet Nivola, p. 79).

des arbres). Plus que nécessaires au fonctionnement de l'édifice, ces éléments ont vocation à ancrer symboliquement le projet. On peut imaginer que L.C. n'aurait pas manqué de créer des oppositions plastiques entre le poli de la construction métallique et la grossièreté des appareillages en pierres, instaurant le dialogue entre l'ancien et le nouveau comme fondement et justification de sa démarche.

FORME ET DÉFORMATION

Le travail in situ achevé, L.C. charge ses collaborateurs de la nouvelle phase de mise au point des projets Roq et Rob. Il s'agit de vérifier l'hypothèse d'adaptation au site concret de Roquebrune en confrontant les premières modélisations avec les notes prises pendant l'été et d'ancrer le projet plus avant dans la réalité en précisant les formes de son adaptation au terrain de Mme Delin.

Dans une première esquisse, le modèle proposé l'année précédente est directement plaqué sur le terrain que L.C. a « exploré » durant l'été. Des éléments de la figure de base y sont reproduits : l'espace libre au centre, la pénétration dans l'axe du groupement et le système des rangées. Pour résoudre le problème posé par les dimensions plus vastes et les limites irrégulières de la parcelle, les potentialités extensives des rangées bâties sont utilisées ; la forme extérieure du groupement est alignée sur les limites parcellaires et n'est plus une figure géométrique régulière. Par conséquent, cela conduit au doublement du nombre de logements.

Adaptation de Roq, esquisses d'agence (FLC 18686 et 18804).

28

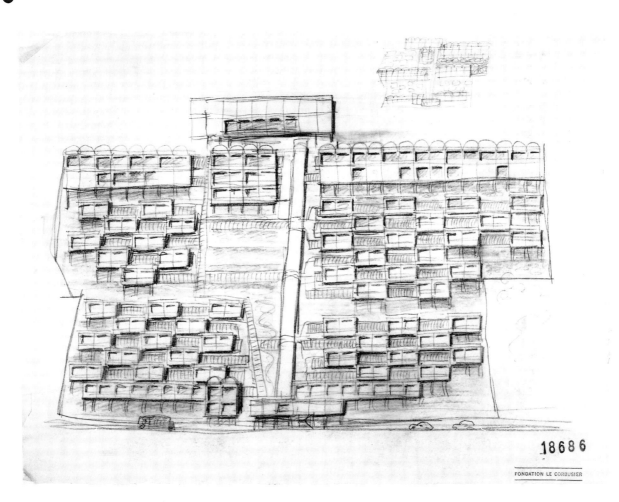

18686

De manière abstraite, on a reproduit l'organisation intérieure du modèle originel mais le rapport entre espaces libres et bâtis est modifié par le changement d'échelle du projet. Cette première tentative n'étant pas jugée satisfaisante, de nouvelles études sont lancées.

Dans l'esquisse suivante une meilleure occupation de la parcelle est recherchée ; cela se traduit par le renoncement à l'orthogonalité du plan ; ainsi, les rangées sont réorientées selon les directions des limites parcellaires et l'espace libre est réparti de part et d'autre de l'axe de distribution.

La cohérence du plan n'est plus fondée sur un système géométrique. Elle repose maintenant sur le réseau des circulations. Elle est conçue principalement en termes de relations fonctionnelles entre différentes affectations spatiales. Les derniers dessins publiés dans l'*Œuvre complète* confirment la tendance à la déformation du modèle qui s'est faite progressivement jour. Ils traduisent toutefois la tentative de caractériser plus fortement les espaces non bâtis par rapport aux espaces bâtis en évitant la dispersion des vides sur toute la surface du projet. Mais l'espace libre central a disparu ; il a été utilisé comme absorbeur des irrégularités générées dans le plan par l'adaptation du bâti au relief et au parcellaire. Les rangées ne sont plus assujetties à des géométries internes au projet. Leur potentiel d'extensivité et leur indépendance ont été exploités pour suivre au plus près les contraintes du site.

Il ne faut pas voir dans le processus de dégradation de

29

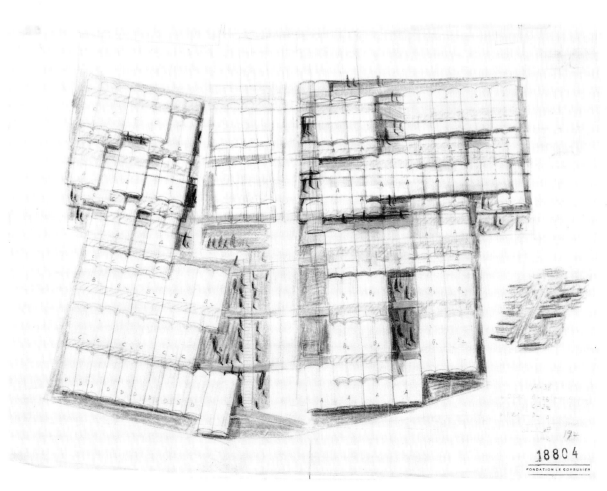

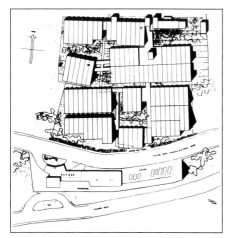

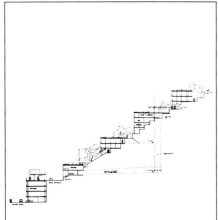

Roq, projet définitif, plan, coupe, façade, 19 décembre 1950 (*Œuvre complète, 1946-1952*, pp. 58-59).

la cohérence formelle du projet un simple effet de contraintes d'opérations. Les derniers dessins de Roq et Rob ainsi que le travail de conception qui les a précédés, ont été réalisés alors que L.C. était déjà conscient du peu de chances qu'ils avaient d'aboutir à une réalisation. Cela dénote tout l'intérêt qu'il portait à l'achèvement de ses projets qui pourraient prendre valeur de modèle, dans la perspective d'une publication, l'exemplarité des dernières propositions ne réside pas dans la figure finale mais dans le processus de formation/déformation qui l'a produite. La présentation conjointe dans l'*Œuvre complète* du brevet 226, du modèle originel du groupement avec ses éléments, et enfin du projet final, vise essentiellement à démontrer les qualités de flexibilité et d'adaptabilité d'une telle architecture.

Pour en revenir à la question du local, on notera que dans la proposition finale nombre de caractères qui visaient à un certain ancrage du projet dans le contexte historique, culturel, urbain du site, et plus généralement de la Méditerranée, ont disparu, si ce n'est quelques affinités iconiques du plan et des façades avec des figures idéales types de la méditerranéité. Ainsi, le projet final n'a plus qu'un rapport abstrait, d'image, à son contexte d'inscription. Coupé des relations qu'il entretenait à l'origine avec le réseau viaire local, il est condamné à fonctionner de manière totalement autonome, si l'escalier central — un élément de ce réseau — y est intégré, ce n'est qu'à l'état de relique, comme justification de l'authenticité de la démarche. Justification de la démarche, aussi, la

13. « Terrain admis comme inemployable », L.C., *Œuvre complète, 1946-1952,* p. 60.

31

lecture des formes villageoises vernaculaires, qui apparaît comme la quête, a posteriori, de traits de ressemblance entre le village perché et quelques-uns des principes de fonctionnement du projet (les rapports dedans-dehors, les principes distributifs). S'il est un modèle qui a essentiellement informé les projets Roq et Rob, c'est celui de l'Unité d'habitation, dont la pente a favorisé la mise à plat, tout en satisfaisant aux principes de l'urbanisme moderne : air/lumière/soleil/verdure...

La pente est, avec le parcellaire, la seule donnée locale enregistrée par le projet, ou plutôt absorbée car, finalement, tout le travail de L.C. vise à démontrer que ses conceptions urbaines, sa doctrine architecturale, ses instruments de projet... peuvent être efficaces dans des conditions d'opérations difficiles. Il n'est que de voir la satisfaction qu'il exprime dans l'*Œuvre complète* d'avoir dans ces projets surmonté des problèmes jusqu'à présent considérés comme insurmontables [13].

Enfin, il n'est pas étonnant que, sacrifiant à son inclination pour la généralisation, L.C. partant avec l'objectif de réaliser une performance architecturale dans un site « réputé difficile » finisse par proposer un modèle de l'adaptabilité architecturale à des situations délicates.

Le Corbusier à Cap-Martin en
1955.

Les conditions dans lesquelles, selon L.C., a été conçu le projet du cabanon sont tout aussi pittoresques que celles qui virent ébaucher les premières esquisses pour « Roq et Rob » : « Le 30 décembre 1951, sur un coin de table, dans un petit "casse-croûte" de la Côte d'Azur, j'ai dessiné, pour en faire cadeau à ma femme pour son anniversaire, les plans d'un "cabanon" que je construisis l'année suivante sur un bout de rocher battu par les flots. Ces plans (les miens) ont été faits en trois quarts d'heure [1]. »

Une fois reconstitué, le processus de conception du cabanon apparaît toutefois plus long et plus complexe qu'il ne le déclare. En fait, il se décompose en trois phases [2]. « Dessinés en trois quarts d'heure » le 30 septembre 1951 à l'Etoile de mer, les premiers croquis contiennent les définitions majeures du cabanon tel qu'il a été construit : parti d'implantation, dimensionnement de l'enveloppe, organisation de l'intérieur...

Dans le *Modulor II*, L.C. déclarait que les dessins définitifs n'étaient qu'une mise au propre de ses croquis. Les dessins définitifs, bien que fidèles aux premiers croquis, ne peuvent toutefois être considérés comme une simple mise au propre. Ce n'est qu'après des études approfondies de tous les éléments composant le cabanon que les plans d'exécution ont pu être dressés. Ce travail peut lui-même être décomposé en différentes étapes au cours desquelles interviennent successivement les collaborateurs de l'atelier L.C., des techniciens extérieurs (Jean Prouvé et Charles Barberis) et L.C. lui-même qui abordent les études ergonomiques,

1. Extrait du *Modulor II, la parole est aux usagers*, 1955, (rééd. : Paris, Architecture d'Aujourd'hui, 1983, p. 252).

2. Sur le plan méthodologique l'étude s'aligne sur la propre démarche de L.C. et reprend ses trois phases de la chronologie du processus de conception.

33

LE CABANON

le dimensionnement, des détails techniques, les dernières touches plastiques... La construction du cabanon est suivie avec attention par L.C., de la préfabrication à Ajaccio au montage à Roquebrune. A ces moments, il fera des choix architecturaux qui influenceront de manière déterminante les formes de l'objet fini.

Ce bref résumé ne rend qu'imparfaitement compte de la richesse du processus de conception et du niveau d'élaboration de l'objet produit. Cette complexité tient à l'implication personnelle de L.C. dans et autour de cet objet ; elle tient aussi à sa faculté à transformer tout travail de projet en expérience de portée générale. Ainsi, d'un programme banal, L.C. fera un projet d'architecture où se croisent des thèmes essentiels de sa doctrine et du débat architectural contemporain. D'un travail à la limite du bricolage il fera une démonstration exemplaire ; d'un objet particulier, un modèle généralisable.

LA DÉFINITION DE L'ENVELOPPE (UN PROGRAMME DICTÉ PAR DIOGÈNE)

Les esquisses réalisées le 30 septembre 1951 marquent le commencement des études pour le cabanon. Bien que « dessinées en un temps record », elles figent définitivement les principes essentiels d'organisation en plan et coupe du projet. Elles sont le produit de plusieurs logiques de conception distinctes.

3. Extrait de l'*Œuvre complète, 1946-1952*, p. 62, qui ne signifie pas, dans la perspective monographique, que l'on doive se désintéresser de l'extérieur, partie intégrante du projet qui est abordée à une phase ultérieure de l'étude.

Dans la hiérarchie des problèmes abordés, la conception de l'enveloppe occupe une place particulière. Elle est conçue la première, par enregistrement des contraintes locales. Elle conditionne l'ensemble du projet ; mais L.C. la considère comme une donnée arbitraire. Il en prend son parti tout en l'excluant du champ de ses préoccupations. A ce propos, il écrivait : « L'extérieur est indépendant du problème posé ici [3] ». Ainsi le projet est inscrit dans le prolongement d'un cabanon-guinguette existant, en respecte la hauteur, les alignements et occupe une faible emprise au sol.

A l'époque où ont été dessinées ces esquisses, le propriétaire du terrain était Thomas Rebutato. Ce n'est qu'avec son assentiment que toutes les décisions concernant l'édification du cabanon ont pu être prises. Bien qu'il n'en subsiste pas de traces précises, il est probable qu'un accord tacite a été passé entre Le Corbusier et Rebutato sur les principales caractéristiques du projet, dont les motifs étaient d'ordre pratique.

Il s'agissait alors de trouver une solution transitoire au logement de L.C. durant les vacances. En attendant la réalisation, différée mais toujours prévue, du projet Rob dans lequel lui était réservé un appartement, L.C. s'accommoderait fort bien de l'accueil simple, plein de philosophie et de bonne humeur que Rebutato réservait aux pensionnaires cabanonniers de l'Etoile de mer. Pour pallier les difficultés croissantes que Rebutato avait à le loger, pour ne pas avoir à réserver chaque fois qu'il désirerait prendre quelques congés, et parce qu'il est un client particulier, L.C. obtient de Rebutato le droit de construire une chambre sur son terrain. Afin que Rebutato puisse se l'approprier lorsque, une fois le projet Rob construit, L.C. déménagerait, la décision est prise de construire le cabanon en contiguïté avec la guinguette de l'Étoile de mer et de percer une porte entre les deux habitations. Vient s'ajouter le fait qu'il serait plus aisé d'obtenir le permis de construire dans le cadre d'une procédure d'extension.

Dès lors, devant la nature du terrain, c'est-à-dire une étroite terrasse limitée à l'arrière par un talus abrupt et à l'avant par une pente escarpée, il n'y avait guère d'autre solution que de respecter les alignements de la construction existante. Le programme, quant à lui, était dicté par les pratiques mi-hôtelières mi-cabanonnières en vigueur sur le terrain de Rebutato et dont Le Corbusier se satisfait tout à fait ; il s'agissait — dans une pièce unique et sans être encombré par valises et cannes à pêche — de dormir à deux (en lits séparés), faire un brin de toilette, demeurer aux heures chaudes de l'été ou pluvieuses de l'hiver, s'adonner aux plaisirs de la lecture, de l'écriture, du dessin, tout en jouissant de la vue magnifique sur la baie de Monaco, la plage de Cabé et le cap Martin.

Une fois les caractères volumétriques et dimensionnels de l'enveloppe déterminés, les premiers éléments de choix projectuels furent l'accès par l'avant et la bipartition du plan. L'entrée par l'avant instaure la relation entre le cabanon et le côté noble de la parcelle où l'on

4. Sur le « Modèle théorique du plan libre », cf. Bonillo, J.-L., *et al.*, *Modèles théoriques du fonctionnalisme et reconversions d'espaces industriels*, Marseille, INAMA, 1982, multig.

35

Le Corbusier ethnographe, relevé, « ma villa », 12 août 1951 (FLC, Carnet Nivola, p. 187).

trouve le soleil, la vue, l'assiette d'éventuels prolongements extérieurs et l'axe principal de desserte du terrain. La bipartition du plan distingue l'espace d'accès et l'espace habitable. Un corridor de 70 x 366 cm longe la mitoyenneté et dessert par le côté une pièce unique de 366 x 366 cm divisée depuis l'arrière jusqu'à l'avant en trois zones fonctionnelles ; à l'arrière se trouve la zone de repos, dans la partie médiane, depuis l'entrée, s'étend une bande de circulation qui fait aussi office de séparation avec la zone de séjour située à l'avant.

C'est durant l'été précédant l'élaboration du projet que L.C. établit le relevé d'un cabanon construit sous les remparts de Roquebrune et l'intitule « ma villa ». Les similitudes entre ce relevé et le plan de son cabanon personnel font apparaître vraisemblable l'hypothèse selon laquelle il aurait en partie trouvé dans cette expérience les sources de son inspiration pour déterminer les principes généraux d'organisation de l'espace interne de son cabanon.

P L A N   L I B R E

Si l'on excepte la définition de l'enveloppe et le parti d'implantation du bâtiment, le contenu des premières esquisses du cabanon fait clairement apparaître la mise en œuvre du modèle théorique du plan libre [4] dans le projet d'aménagement de l'espace interne.

A la fois modèle d'organisation spatiale et modèle de

Le cabanon, premières esquisses, 30 décembre 1951 (FLC, Modulor II, pp. 253-254). >

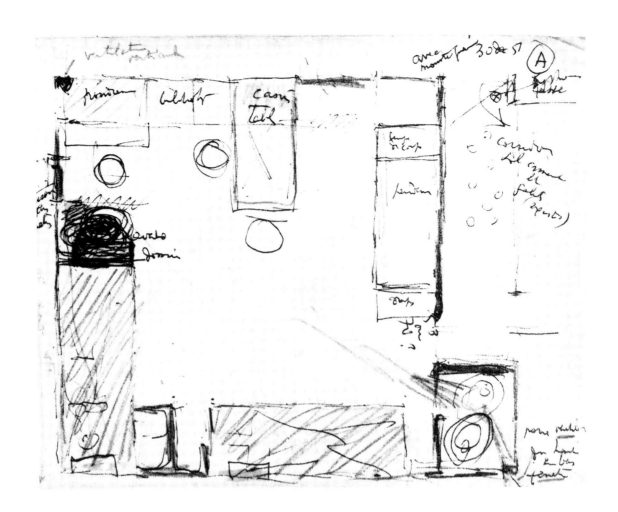

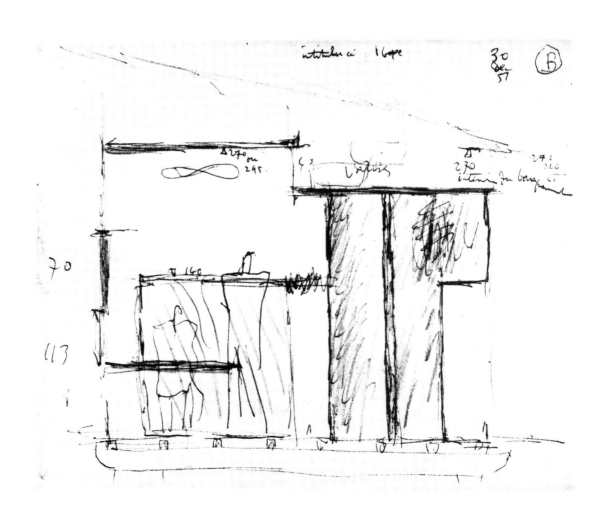

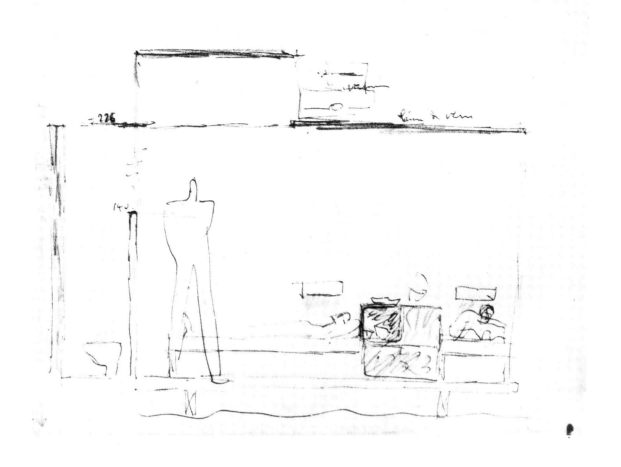

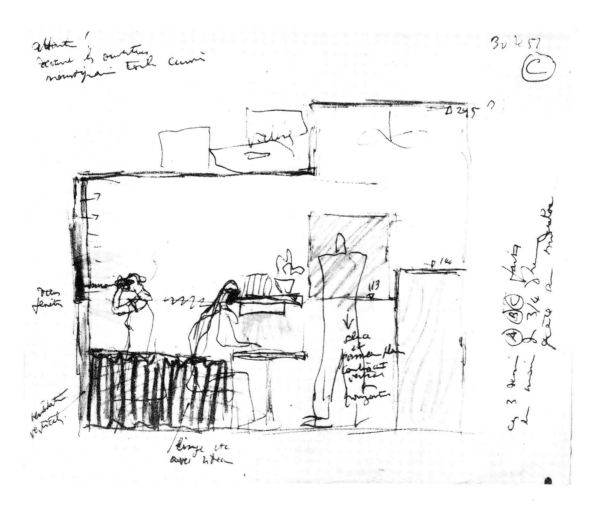

travail sur l'espace, le plan libre procède de deux opérations fondamentales :

— destructuration de l'objet architectural selon ses différentes fonctions ou modes d'existence, désolidarisation entre structure constructive, plans et façades, puis éclatement des façades et du plan en organes libres, eux-mêmes objets d'un travail de mise au point, renvoyant à la fois à leur existence propre à leur articulation à une totalité ;

— restructuration de l'objet dans l'ordre d'une rationalité organique : il s'agit d'aménager un espace propre à faciliter un enchaînement souple de situations spatiales.

Sur le premier croquis — un plan — du cabanon, aucun élément traditionnel d'architecture n'est représenté ; seuls sont figurés des meubles. A cet instant du projet, ils sont les uniques moyens de caractérisation de l'espace (des espaces) du cabanon et seule la disposition du mobilier permet de percevoir les limites et les partitions du volume habitable. Traductions directes du programme, les meubles constituent ici le premier mode d'existence de l'objet.

De même, la définition volumique de l'enveloppe qui a été opérée selon des critères conventionnels et des contraintes externes n'est, par la suite, considérée que comme une limite abstraite et arbitraire au développement du plan. Elle est figurée par un trait fin qui délimite une étendue mais ne représente pas la matérialité d'une paroi. Elément restant à définir, l'enveloppe sera constituée par additions successives de disposi-

5. Voir L.C., *Œuvre complète, 1946-1952*, p. 62. Le règlement est certainement relatif au rapport volume d'air respirable/surface habitable.

6. L.C., *Œuvre complète, 1929-1934*, p. 72.

38

tifs d'aménagements internes ou de négociations des rapports entre le dedans et le dehors. Au stade de l'esquisse, moment plus particulièrement consacré à la définition des caractères spatiaux et fonctionnels du projet, la valeur d'ouverture d'une fenêtre ou celle de support d'une console importe plus que la valeur de clôture de l'enveloppe. Cela explique cette inversion des conventions de représentation dans les coupes dessinées par L.C., où les ouvertures et certaines parties du projet non incluses dans le plan de coupe sont figurées par des traits plus forts que ceux représentant la coupe des parois.

Enfin, on aura remarqué sur une des coupes un décaissement dans le faux plafond. Dans l'*Œuvre complète*, L.C. précise qu'il lui a été dicté par un règlement [5] relatif au rapport entre volume d'air respirable et surface habitable. On peut considérer comme une opération caractéristique de destructuration d'un élément architectural le fait que, pour augmenter le volume de l'espace interne, L.C. défonce localement le plafond plutôt que d'en relever la hauteur sur toute la surface. Il tire aussitôt parti de cet événement pour placer un ventilateur, ménager des rangements et créer un effet plastique dont d'aucuns disent qu'il est un reliquat du « double volume [6] » ; ainsi le plafond est restructuré et transformé en organe spatio-fonctionnel.

FIGURES ET TRACÉS

Figures et tracés sont des facteurs essentiels de la conception du cabanon.

Le recours à des procédés savants, aussi paradoxal puisse-t-il paraître au regard de la modestie du projet, est d'autant manifeste dans les premières esquisses, que ses traces n'ont pas été gommées, que ses pistes n'ont pas été brouillées par le jeu des décalages subtils qui sera mené lors des phases ultérieures de la conception.

L'examen du plan fait ressortir une composition structurée par deux figures géométriques simples. La première donne la forme des limites externes du plan et organise la hiérarchie des rapports entre le dedans et le dehors. C'est une spirale de plan carré. La seconde décompose le plan en surfaces élémentaires et ordonne la partition de l'espace interne. Elle est de forme hélicoïdale. Ces figures constituent lés structures sous-jacentes des logiques spatiales et fonctionnelles du cabanon ; ce sont par ailleurs des repères qui permettent le contrôle formel et dimensionnel du projet tout au long de son évolution.

L'amorce de la spirale apparaît clairement si l'on accuse le dessin de l'enveloppe et de la cloison séparant couloir d'entrée et espace habitable. Dans cette géométrie, L.C. englobe les éléments issus de la bi-partition du plan. Forme douce de l'enfermement, la spirale est le stratagème par lequel il négocie le rapport entre l'intérieur et l'extérieur. Elle prolonge le parcours d'entrée et mène à l'espace habitable sans rompre la continuité du mouvement. A la contempler (trop) on imagine qu'arrivé là, au cœur du cabanon, le corps humain poursuit seul la construction géométrique, fait un tour complet sur lui-même et découvre la

7. L.C., *Vers une architecture,* op. cit, p. 55.

39

pièce aménagée autour de lui. Le couloir d'accès donne naissance à la dynamique du fonctionnement interne.

La spirale apparaît comme un idéogramme qui cristallise les intentions générales de L.C. A la fois symbole et principe d'organisation de l'espace, elle occupe une place privilégiée dans sa pensée : « Elle illustre les lois naturelles de croissance qui sont dans l'ordre selon lequel se manifeste la vie organique [...] l'idée d'ensemble ayant précédé l'idée de la partie[7] ».
A Cap-Martin, la dynamique de la spirale est inversée. Moins figure de l'extension que de la concentration. L.C. construit sa retraite concrétisant ainsi le sens commun de la coquille...

La figure hélicoïdale décompose le plan du cabanon en 4 rectangles égaux de 226 x 140 cm, et un carré central de 86 x 86 cm. Ce tracé délimite les frontières entre diverses entités spatio-fonctionnelles autonomes disposées à la périphérie du volume habitable. Aussi bien les aires d'affectations fonctionnelles que les partitions internes ou les éléments d'architecture ou le mobilier entretiennent des relations strictes d'inclusion ou d'exclusion avec les rectangles de décomposition du plan. En même temps, ce tracé structure l'organisation d'ensemble de l'espace interne donnant, par le jeu d'imbrication des rectangles de décomposition, la dynamique des enchaînements entre les entités spatio-fonctionnelles.

Le carré central est laissé libre et traité en plaque tournante de la distribution. Théoriquement, l'utilisateur « animal géométrique » y est conduit depuis l'extérieur par le jeu de la spirale puis la figure hélicoïdale prend le relais et donne les directions de ses déplacements vers les différentes zones du volume habitable.

Une image illustrative du principe de la dynamique interne est la roue à aube, alimentée par un flux tangent. Un effet de rotation est créé, accentué par la disposition des baies qui offrent des vues couvrant ponctuellement un secteur de 270° et sont organisées graduellement du bas vers le haut et du proche au lointain. Ainsi, que ce soit au niveau de l'accès ou de la vue, le rapport entre l'intérieur et l'extérieur est réglé par l'utilisation des caractères de la spirale et de l'hélice : circularité/concentration/extension.

Conjointement à l'organisation du plan par le tracé, le Modulor est utilisé en tant qu'outil d'harmonisation. Il donne les relations dimensionnelles entre les sous-espaces du plan et les éléments qui y sont inscrits. Il est ici difficile de distinguer ce qui est de l'ordre du dimensionnement de ce qui est de l'ordre du tracé, la simplicité du projet permettant à L.C. de les manier ensemble mentalement. Mais théoriquement ils devraient être dissociés. En effet, l'un est outil de dimensionnement, l'autre de composition. « Un module unifie, le tracé satisfait [8] ».

On relève de grandes similitudes entre les principes de composition du plan du cabanon et la méthode dite de la « symétrie dynamique », outil classique de composition architecturale, reconstitué

40

La première esquisse de plan répond exactement au tracé de la figure hélicoïdale.

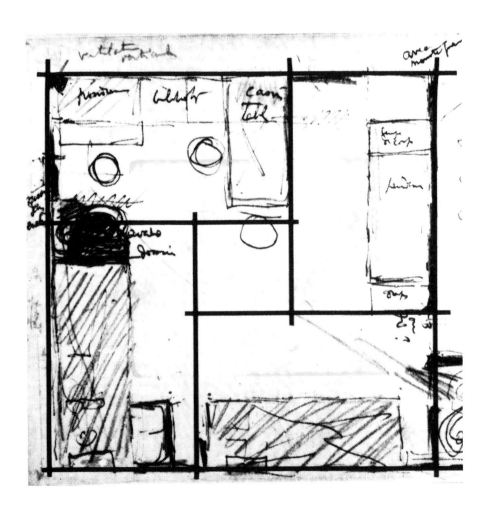

par Matila Ghyka quelque trente ans avant la conception du cabanon, à partir d'une lecture des textes vitruviens ou pythagoriciens. Par cette méthode on pouvait décomposer le plan d'un édifice en « surfaces générales d'encadrement » et en « éléments de surface » produits par la « division harmonique des premiers ». Selon Matila Ghyka, cela permettait de contrôler l'ensemble du déroulement du processus de conception. Ainsi il déclare que « des schémas-plans révélant en tout ou partie l'enchaînement des proportions entre les longueurs et les surfaces suffisaient pour l'étude complète de l'ensemble et des détails[9] ». Dans ce contexte, « symétrie » signifie « commensurabilité entre tous les éléments d'un ensemble et entre chacun de ces éléments et l'ensemble », et « dynamique » qualifie le calcul suivant les règles du nombre d'or des rapports de proportion entre surface d'encadrement et éléments de surfaces.

De l'usage de certains outils de composition, de l'exercice du tracé, L.C. a tiré les arguments qui lui permettent d'inscrire sa pratique architecturale dans la lignée des architectures antiques ou classiques. C'est un point auquel il faisait souvent appel lorsqu'il avait recours à l'histoire pour justifier — ancrer — sa doctrine. Cette démarche était cependant construite sur une interprétation partielle de l'architecture classique.

En effet, « les classiques » maniaient l'ensemble des raisonnements liés à la conception architecturale. Ils intégraient à chaque stade du projet tous les éléments rentrant en jeu dans le bâtiment et ne

8. *Ibid.*

9. Cf. Matila Ghyka, *Le nombre d'or*, Paris, Gallimard, 1935, pp. 84-85.

41

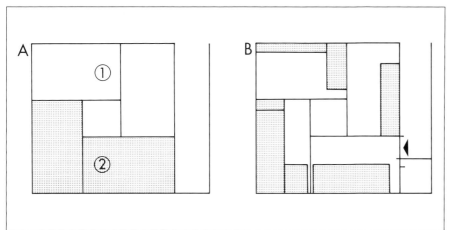

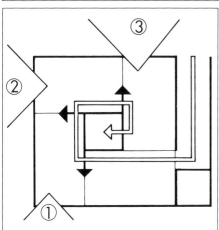

Affectations fonctionnelles (A) et implantation du mobilier (B) sont délimitées par la figure hélicoïdale ; 1. jour ; 2. nuit.

L'imbrication des figures et le positionnement des ouvertures. 1. micro paysage (la fenêtre est tout contre le talus) ; 2. vue sur la parcelle ; 3. vue sur la baie de Monaco.

séparaient pas la forme de la fonction, de la construction. Ainsi, le travail de composition, et ses outils, ne pouvaient se concevoir indépendamment d'une représentation globale de l'édifice. Cette représentation était rendue possible par l'existence de conventions et de modèles auxquels on pouvait se référer [10]. Dans le projet du cabanon, figures et tracés sont utilisés différemment. Ils sont des instruments d'une dématérialisation de l'objet et de sa transposition dans un univers abstrait où l'intention plastique règle le jeu.

Dans le contexte du plan libre, le recours aux tracés est plus proche du classicisme pictural d'un Nicolas Poussin, référence importante pour l'architecte lorsqu'il s'appelait encore Jeanneret et collaborait avec Amédée Ozenfant dans les colonnes de *L'Esprit nouveau* [11], et à propos duquel Madeleine Hours déclare : « Le peintre, après avoir fait la mise en place de la composition, étudie à l'aide d'esquisses ou de dessins, ou même de maquettes de terre cuite, la place et la silhouette de chacun des personnages ; il n'y a plus aucune tentation de reprises ou de transformations. Il insère ses personnages dans une composition très pensée, dont le fond seul est librement brossé, le plaisir physique de peindre est devenu un élément secondaire qui s'efface devant la satisfaction d'élaborer une composition intellectuellement satisfaisante [12] ».

Cette analogie introduit la seconde phase du processus de conception dans lequel tel le peintre qui, l'esprit satisfait par la composition de son tableau, peut se pencher sur le visage de chaque

10. Cf. Dupire, A., *et al., Deux essais sur la construction*, Bruxelles, Mardaga, 1981.

11. A propos de Poussin, Ozenfant déclarait : « Poussin forme avec Fouquet, Ingres, Corot, Cézanne, Seurat, la grande lignée des peintres français » ; dans « Notes sur Poussin », *L'Esprit nouveau*, (Paris), n° 7, p. 754.

12. Cf. Madeleine Hours, *Les secrets des chefs-d'œuvre*, Paris, Laffont, 1964.

42

Le cabanon, esquisses d'agence, WC, portemanteau, table basse, 1952 (FLC 24337).

personnage, L.C. va préciser un par un les éléments entrant dans la composition du cabanon.

L'AGENCE ET LES CONSULTANTS

La mise au point du projet prendra six mois à compter du dessin des premières esquisses. Dans ce temps se succéderont plusieurs phases de travail. Leurs caractères différents tiennent à la nature des opérations mises en jeu et à la qualité des intervenants qui les accomplissent : on peut distinguer le travail de vérification exécuté par les collaborateurs de l'Atelier de la rue de Sèvres, de celui, technique, confié à Charles Barberis et Jean Prouvé, et enfin de la conception, plastique, menée par L.C. Un tel investissement, une telle division du travail — cinq personnes attachées à la conception d'un cabanon de 16 m² — sont explicables par le fait que, d'ores et déjà, L.C. envisage sa production en série.

La première phase du travail de mise au point se déroule à l'Atelier de la rue de Sèvres. Y prennent part, Jacques Michel et, dans une moindre mesure, André Wogenscky qui ont pour tâche la vérification des hypothèses émises par L.C. dans les esquisses réalisées à Cap-Martin ; hypothèses spatiales, fonctionnelles et dimensionnelles. Les dessins qui sont alors produits peuvent être divisés en deux groupes : l'un est constitué par les études séparées de chaque élément entrant dans la composition du cabanon ; l'autre par les études regroupant et caractérisant des éléments selon divers critères.

Les premières esquisses appréhendaient globalement l'espace du cabanon mais ne traitaient pas concrètement de ses composants, se limitant à définir les volumes enveloppés dans lesquels ils seraient inscrits. Dès lors, le travail des collaborateurs de l'Atelier de la rue de Sèvres consiste à redessiner chacun de ces composants afin d'évaluer les possibilités effectives, de les qualifier au regard de l'espace qui leur est alloué. Il semble que l'ergonomie — ou du moins la figuration dans les dessins du corps humain en position d'usager de l'espace — soit un critère important.

Ainsi, chacun des objets étudiés — lits, tables, armoires, sanitaires, rangements... — est formalisé et atteint un niveau de détail conséquent. Pourtant, un petit nombre de ces détails sera par la suite retenu dans le projet. Il est vraisemblable que ces études aient eu davantage une fonction de vérification que de conception dans le processus de projet. En·retour, elles influeront sur les bases à partir desquelles elles sont constituées ; c'est-à-dire en termes dimensionnels sur des volumes enveloppes (pour exemple, on citera l'agrandissement du coin W.C.).

A partir des études de détails, et selon les indications figurant sur les premières esquisses, un travail de regroupement des éléments est effectué. Ce travail a pour objet de remettre en situation les parties dans le tout. Comme pour les études de décomposition, les études de regroupements n'ont pas valeur de conception, mais de vérification. Par une représentation poussée du projet, elles permettent de faire appa-

43

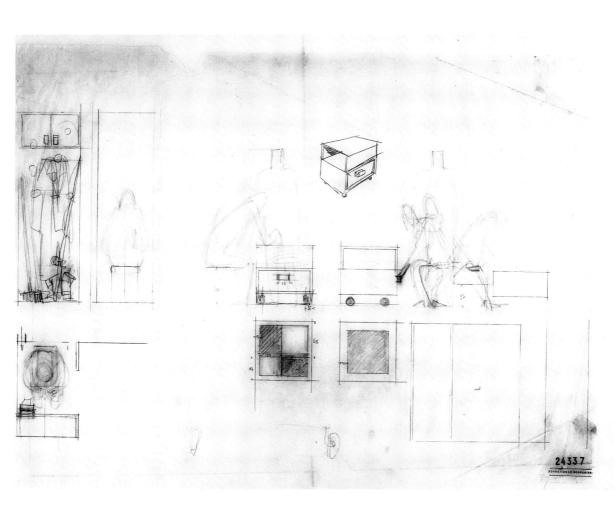

raître ses éventuelles lacunes ; par l'introduction d'échelles de dessin plus grandes, elles suscitent la réflexion sur les détails. Les critères de regroupement sont divers : d'ordre fonctionnel, lors de l'étude du rapport table de nuit/lit ; d'ordre inhérent à la structure spatiale interne dans l'étude des groupements circonscrits aux surfaces élémentaires de décomposition du plan ; et enfin d'ordre global au travers de la représentation perspective de l'espace interne.

Ces travaux débouchent enfin sur la représentation à grande échelle du projet. Un plan est dessiné qui définit l'impact des différents composants, sans les instrumenter (aucun détail technique n'y est figuré). Il marque la fixation des choix définis par L.C. depuis les premières esquisses, et va constituer le document de travail auquel se référeront toutes les études ultérieures. On y relève quelques différences avec les premiers croquis : les W.C. sont agrandis, la cloison qui les sépare du couloir d'entrée est transformée en penderie. Ces modifications conduisent au déplacement vers l'avant de l'entrée dans le volume habitable, désormais celle-ci n'est plus incluse dans un rectangle de subdivision mais précisément centrée sur la limite entre deux rectangles adjacents, limite qui est aussi l'axe théorique de pénétration dans le cabanon.

Une modification importante porte sur le support du lavabo qui n'est désormais solidaire d'aucune paroi verticale et tend de plus en plus à apparaître comme l'application, à échelle réduite, du principe du « bloc technique ». Ainsi on remarque que certains des com-

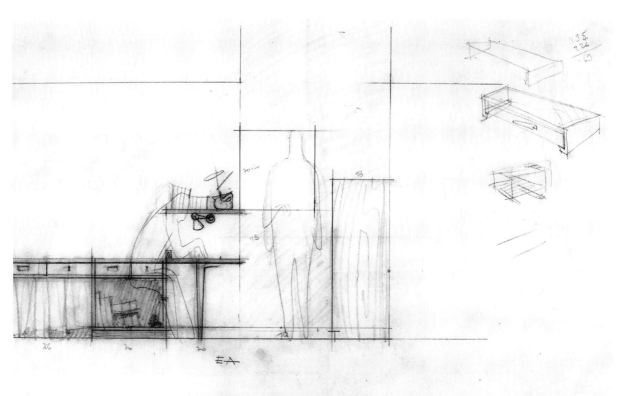

posants évoluent dans le sens d'une plus grande complexité. Ils intègrent maintenant plusieurs fonctions. La séparation devient support, le support devient séparation... ils accèdent à la condition d'organe.

Jusqu'à ce stade la question constructive n'a pas été précisément abordée. Depuis l'origine du projet, la construction est prévue en bois, sans plus de détail. Lorsque L.C. envoie les plans du cabanon à Charles Barberis, il lui laisse « tout loisir de prévoir la construction [13] ». Les seules prescriptions concernent l'espace interne, dimensionné au centimètre près. Il en va de même lorsqu'il consulte Jean Prouvé pour la fourniture de fenêtres coulissantes. Il ne lui donne aucune indication spéciale sur la technique à mettre en œuvre et n'émet qu'un impératif : il concerne « l'ouverture proprement dite de la vitre, c'est-à-dire le contenant intérieur de 70 x 70 cm [14] ». Cela est révélateur de l'ordre des priorités dans le projet : la primauté va à la conception de l'espace interne, ou plus précisément de l'espace utile, sa forme et ses dimensions.

Le traitement séparé des problèmes techniques s'inscrit dans la logique du « plan libre » : définitions constructives et formelles ne doivent pas interférer. Il est aussi lié au projet d'industrialisation à plus ou moins long terme de la production du cabanon. C'est dans cette optique que L.C. confie les études techniques à des pionniers de la construction industrielle : Jean Prouvé et Charles Barberis.

Il n'y a pas trace d'un accord formel entre L.C. et ces deux hommes sur les finalités de leur collaboration. Au contraire, L.C.,

13. André Wogenscky écrit, pour L.C., à Charles Barberis le 15 février 1952 (F.L.C., M2[9]221).

14. Jacques Michel écrit, pour L.C., à Jean Prouvé le 23 avril 1952 (F.L.C., M2[9]248).

45

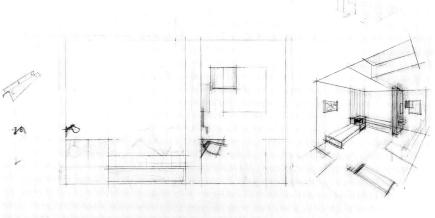

Le cabanon, esquisses d'agence, regroupement façade ouest, 1952 (FLC 24340).

Le cabanon, esquisses d'agence, regroupement façade sud, 1952 (FLC 24336).

24336

dans un premier temps, se comporte avec eux comme s'il ne s'agissait que de construire pour son seul usage. Pourtant, quelques jours avant qu'il ait recours à leurs services, il les mentionnait dans l'organigramme d'une structure de production de « maisons en série »[15]. Il semble qu'à travers la construction du cabanon, il les teste à leur insu sur leurs capacités à s'intégrer à son projet et sur les possibilités qu'il y aurait de concilier leur point de vue technique avec sa conception architecturale.

Le risque de « surprises formelles » qui pourraient survenir de l'atermoiement des définitions techniques sera minimisé de deux façons. D'une part, la structure et les détails de la construction doivent être invisibles. Ils n'interviennent nullement dans la conception de l'apparence du cabanon. Ainsi, Charles Barberis doit fournir des parois internes et externes uniformes. Quant à Jean Prouvé, il n'a pas de construction spéciale à prévoir pour les fenêtres puisque seul le vitrage apparaîtra, le reste du dispositif (cadre, précadre, carter du coulissant...) étant noyé dans la paroi et masqué par les peaux intérieures et extérieures. D'autre part, il existe une confiance réciproque entre les trois hommes. Leur expérience conjointe de la construction facilite leurs relations.

Pour des raisons inconnues, la collaboration avec Jean Prouvé cesse en cours de projet. Restent seuls L.C. et Barberis qui continueront à travailler ensemble jusqu'à la réalisation. Nous n'avons pu retrouver le plan d'exécution du cabanon, sauf pour quelques détails de mobilier. Il est vraisemblable qu'il n'en ait pas été établi. Cela s'explique par la

15. Cet organigramme prévoit le travail commun de Prouvé, Barberis, Reverdy et L.C. sur la conception de brevets exploités par un fabricant en collaboration avec Saint-Gobain, Pechiney, Eternit... L.C. l'établit le 3 février 1952.

46

relative simplicité de l'édifice, et par le suivi à Ajaccio, dans l'atelier de Charles Barberis, de toutes les opérations de préfabrication par L.C. qui, dès lors, a pu donner directement ses indications sur la construction et faire réaliser les aménagements intérieurs dans les formes qu'il prévoyait.

LE CABANON DANS TOUS SES DÉTAILS

Au mois de juin 1952, L.C. met à profit de courtes vacances à Cap-Martin pour apporter la touche finale au projet. Pendant ces quelques jours, il précise l'étude des éléments et de la composition d'ensemble du cabanon, dessinant à cette occasion de nombreux croquis dont certains feront office de documents d'exécution.

Les études séparées des éléments entrant dans la composition du cabanon sont abordées selon deux axes :
— le premier tend à homogénéiser les critères de conception par catégories (le mobilier, les détails constructifs) ;
— le second vise à individualiser des éléments en leur apposant des caractères plastiques ou polychromiques particuliers.

Les éléments de mobilier — sièges, tables, lits... — sont des composants essentiels de l'organisation de l'espace interne. L.C. a abordé leur étude dès les phases préliminaires du projet, déterminant à grands traits leurs caractères formels, dimensionnels et leur positionnement. Cette nouvelle phase de projet le voit poursuivre la conception du

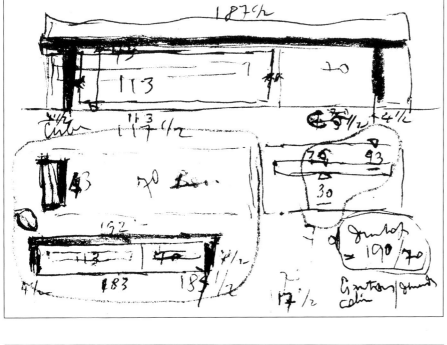

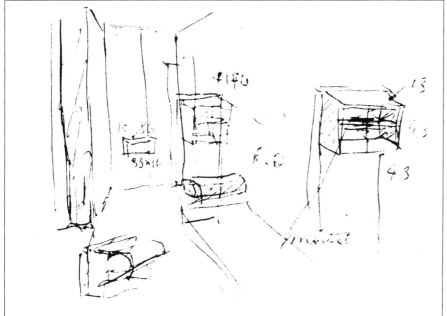

47

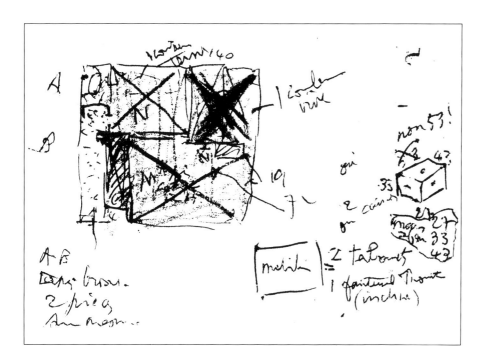

Lit ; « Cube / Bon / Dunlop / =
190/70 », Cap-Martin 22 juin
1952 (*Carnets 2, 1950-1954*,
feuillet 586).

Lit, WC, lampe, étagère ;
« moitié », Cap-Martin, 23 juin
1952 (*Carnets 2, 1950-1954*,
feuillet 590).

Décoration, polychromie ; « 1
couleur terne / 140 / 1 couleur
vive / tapis coton Indes / AB /
tapis-brosse / 2 pièces / sur
mesure — oui / ou 2 caisses /
non 53 ! / mais / = bon / 27 /
33 / 43 — Mobilier / = 2
tabourets / 1 fauteuil Thonet
(incliné) », Cap-Martin, 23 juin
1952 (*Carnets 2, 1950-1954*,
feuillet 592).

mobilier en vue d'atteindre sa totale intégration à l'architecture du cabanon.

Cela le conduit à briser les images conventionnelles de l'ameublement. Il ne cherche pas à donner des caractères, des identités, propres à chaque meuble, même selon leurs fonctions mais se livre à une recherche systématique par le tracé, et le Modulor, de récurrences formelles et dimensionnelles entre le meuble et l'espace qui l'entoure. On débouche ainsi sur une sorte de désincarnation du mobilier qui, réduit à l'état de surfaces et de volumes, perd ses spécificités traditionnelles et ressortit au même univers formel que son environnement architectural.

Dans le même temps, L.C. aborde systématiquement la question du détail. Le passage de l'étude à une grande échelle n'est pas accompagné d'une instrumentation particulière à la résolution des problèmes de détail, il vise essentiellement à évacuer tout facteur de complication des formes. Si les dessins sont dimensionnés au millimètre, ils présentent des détails volontairement simplistes. L.C. écarte du projet tout problème dont la résolution pourrait interférer avec sa vision d'ensemble de l'espace. Au prix d'un réel effort de conception, les éléments constituant l'aménagement interne sont décomposés, réduits en volumes simples et surfaces élémentaires, assemblés par collages et sans interpénétrations. Il semble que L.C. ait du mal à remettre un problème complexe entre les mains du menuisier, à faire appel au savoir-faire d'un métier. Les formes qu'il conçoit appellent la mise en œuvre de techniques rudimentaires, à la

16. L.C., reprenant Laugier dans *Vers une architecture, op. cit.,* p. 223.

||||||||||||||||||||||||||||||||||||||||||||||||||||||||||||||||||||||||||||||||||||||||||||||||||||||||

portée d'un amateur.

L.C. achève cette série d'études par un retour sur le traitement plastique et polychromique de certains éléments, traitement qui n'a pas l'aspect systématique des précédentes opérations du processus de conception. Il introduit un nouveau seuil de différenciation dans la logique spatiale du cabanon par des traitements particuliers à chaque élément, sans apport apparent à leurs caractères structurels. Il s'agit en fait d'un travail d'ornement qui prend comme unités d'intervention des éléments singuliers d'architecture ou d'ameublement. Aucune intention générale ne semble l'animer, si ce n'est qu'il réfère dans sa totalité à l'œuvre sculpturale et picturale de L.C. et règle ponctuellement quelques détails fonctionnels. Il est peu aisé d'en saisir les intentions sur un plan strictement architectural —vraisemblablement animer l'espace du cabanon (« il faut du tumulte dans l'ensemble [16] ») — ; de fait, il contient en lui-même sa propre finalité. On se limitera ici à en livrer une simple description, à noter dans la mesure du possible ses références à l'œuvre plastique de L.C., et enfin à tenter de comprendre les effets spatiaux qu'il produit ponctuellement :
— le mur mitoyen avec le cabanon de Thomas Rebutato sera le support d'une peinture murale dont le fond sera peint de couleur bleue. Prévu dans le projet, ce décor sera ébauché avant le début de la construction, achevé le 10 août 1952, puis remanié le 29 juillet 1956 ;
— les portemanteaux de la penderie, située dans l'axe du couloir, seront

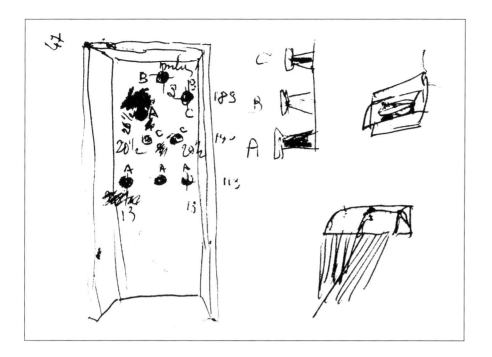

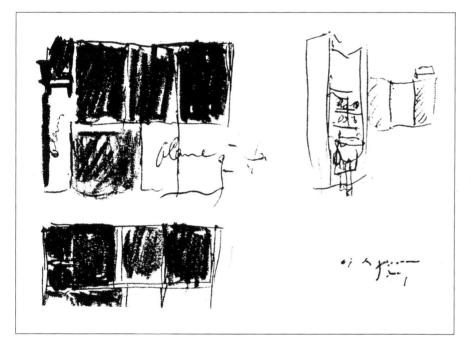

49

Portemanteau, polychromie, applique murale, Cap-Martin, 23 juin 1952 (*Carnets 2, 1950-1954,* feuillet 593).

Polychromie plafond ; « bleu / blanc / fer », Cap-Martin, 23 juin 1952 (*Carnets 2, 1950-1954,* feuillet 594).

Etude alimentation électrique ; « la canalisation extérieure sous toilure lant. / côté est — WC / lit / prise radiateur — 1 prise de contact / la table », Cap-Martin, 23 juin 1952 (*Carnets 2, 1950-1954,* feuillet 595).

Le cabanon, demande de permis de construire, juin 1952 (FLC 24334). >

peints de couleurs différentes ;
— la cloison de séparation des W.C. et la tête du lit font l'objet d'un traitement d'ensemble. Les éléments fonctionnels qui leur ont été ajoutés, dossier du lit et étagère sur la cloison, sont dessinés dans un rapport qui évoque des sculptures de L.C. Le dossier du lit est en bois taillé dans la masse ; c'est un des seuls éléments d'ameublement du cabanon dont la forme n'est ni parallélépipédique ni cylindrique ;
— le parquet sera peint en jaune et recouvert de tapis indiens dont l'un sera de « couleur vive », l'autre de « couleur terne » ;
— le plafond est décomposé en plusieurs rectangles peints en vert, blanc, bleu et rouge. Il semble que par ce moyen L.C. cherche à intégrer le « défoncement localisé » pour répondre à un règlement dans une composition qui englobe tout le plafond ;
— le bloc sanitaire supportera en console un petit lavabo. Dessinant la robinetterie, Le Corbusier utilise des tuyaux standard et un petit chauffe-eau comme éléments d'une composition, tout à base de lignes droites, de courbes et de cylindres.

LA MISE EN TENSION DE L'ESPACE INTERNE
Suivant les dernières indications fournies par les croquis de L.C., un collaborateur de l'Atelier de la rue de Sèvres dessine les documents pour la demande de permis de construire et un plan général du cabanon à

50

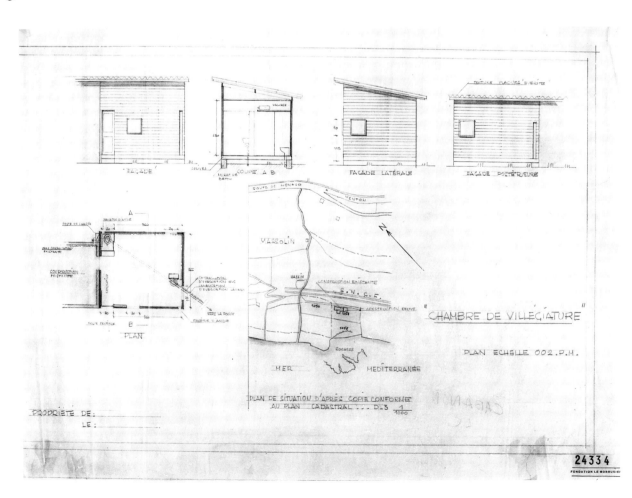

l'échelle 1/20. Ce sont les derniers documents représentant le cabanon dans son ensemble avant la réalisation.

La demande de permis de construire ne figure qu'in-complètement les détails intérieurs et fige sommairement le plan masse et la façade. C'est le seul document existant qui représente les façades du cabanon avant sa construction. Le dessin en est imprécis et ne peut constituer le support d'études significatives.

Le plan au 1/20 représente l'intérieur du cabanon tel qu'il sera réalisé, hormis un détail (la forme de la table). Une confrontation de ce plan aux figures géométriques mises en évidence au cours de l'analyse des premières esquisses — plus particulièrement « l'hélice » — permet de rendre compte des opérations ayant porté sur la composition d'ensemble du projet. En effet, au plan définitif, on lui superpose la figure hélicoïdale ; on remarquera que tous les éléments et toutes les partitions de l'espace interne continuent d'entretenir des relations strictes d'inclusion ou d'exclusion avec les surfaces de décomposition du plan qu'elle génère. Ainsi, sur le triple registre distributif, formel et fonctionnel, l'hélice a struc-turé le processus de conception. Elle a permis le contrôle permanent de l'évolution des détails au regard des principes généraux d'organisation définis au stade de l'esquisse.

Dans le travail de composition se fait aussi jour une opération, ou plutôt un jeu, qui n'a pas le caractère « d'aridité » du processus du contrôle évoqué ci-avant. Ce jeu qui consiste en une série de

51

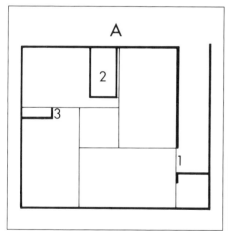

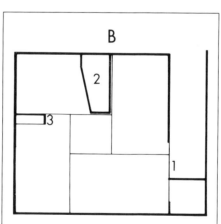

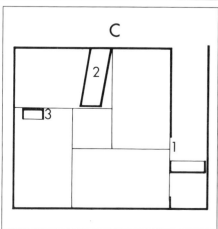

Plan libre : de l'esquisse au projet définitif, les éléments clefs de l'organisation de l'espace interne. A : esquisse ; B : projet intermédiaire ; C : projet définitif. Entrée (1), table (2) et colonne sani-taire (3) sont progressivement libérés de l'enveloppe et de la figure hélicoïdale, avec les subdivisions de laquelle ils continuent néanmoins d'en-tretenir des rapports stricts d'inclusion ou d'exclusion.

L'espace interne du cabanon : 1. entrée ; 2. table ; 3. colonne sanitaire ; 4. lit ; 5. table basse ; 6. lit ; 7. WC.

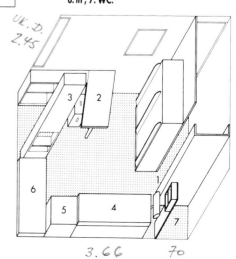

décalages subtils des éléments-organes du plan vis-à-vis des figures géométriques trouve en lui-même sa propre finalité. Il ne répond à aucune nécessité fonctionnelle, constructive... Si l'on compare différents stades d'élaboration du plan, on peut suivre certains éléments d'architecture ou de mobilier « prenant quelques libertés » avec les figures de composition : — la colonne sanitaire échappe à l'emprise de la paroi, effectue une translation sur un axe du tracé ; — la table se libère partiellement de l'orthogonalité de la figure, elle s'incline dans un sens (qui sera inversé par la suite) ; — au plafond, le défoncement localisé reste inclus dans les limites de la figure mais la composition des panneaux colorés est libre ; — l'entrée dans l'espace habitable a glissé vers l'avant ; elle est maintenant précisément centrée sur un axe du tracé, qui est aussi l'axe théorique de la distribution.

On peut donc remarquer qu'à chacun de ces éléments a été donné un seul degré de liberté vis-à-vis du tracé et/ou de l'enveloppe. Ainsi, la distance prise par les organes vis-à-vis des facteurs qui exercent des coercitions sur le développement de la forme (les limites, les séparations) reste mesurable ; comme s'il s'agissait par là de mettre en valeur le concept même de plan libre, de le signifier non pas comme un éclatement total de l'objet architectural, mais comme un processus discret de transformation... une libération en cours.

52

Le cabanon, plan (relevé) : 1. entrée ; 2. communication avec l'Etoile de mer ; 3. penderie ; 4. accès espace habitable ; 5. WC ; 6. armoire ; 7. lit ; 8. table basse ; 9. lit ; 10. colonne sanitaire ; 11. table ; 12. étagères basses ; 13. console étagère haute ; 14. ouvertures verticales, ventilation ; 15. ouvertures 70×70 ; 16. ouverture 33×70.

Coupes nord-sud / sud-nord (relevés).

Coupe est-ouest (relevé).

Façade sud.

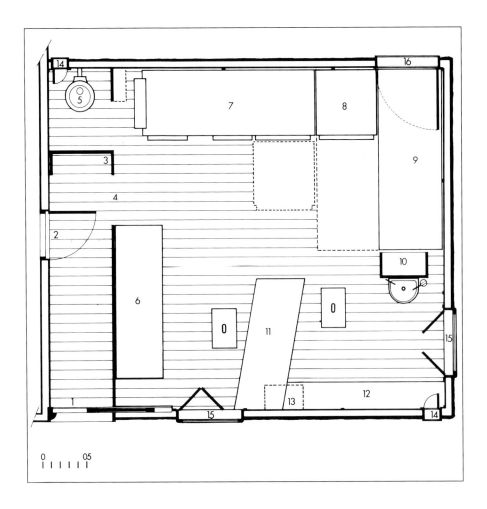

L E   C H A N T I E R

Pour L.C., le chantier est toujours un moment déterminant qui, au-delà du règlement de certains détails techniques, permet la poursuite d'une réflexion approfondie sur le projet, au contact direct du matériau et de la forme. Plus libre encore pour le cabanon, ses décisions n'engageant que lui-même, il a pu donner à l'objet des aspects non prévus dans le projet dessiné.

Il existe toutefois assez peu d'informations précises sur les termes de ce travail. C'est pourquoi on se bornera ici à retracer les grands traits du déroulement du chantier, à citer les différents intervenants, leurs rôles respectifs, et enfin à repérer les éléments réalisés qui ne figurent pas dans le projet. La construction du cabanon s'est déroulée en plusieurs temps.

— Il a été préfabriqué en usine, dans les Etablissements Barberis à Ajaccio. On ne peut dire à quelle date précise. Il est probable que la découpe des éléments de gros œuvre a été réalisée avant que L.C. ne conçoive les états de l'aménagement interne, et le traitement des façades.

— Les éléments de l'agencement intérieur ont vraisemblablement été fabriqués entre le 25 juin 1952 (date à laquelle L.C. termina la conception du mobilier) et le 19 juillet 1952, date à laquelle L.C. se rendit à Ajaccio pour régler les derniers détails du projet. C'est à ce moment que furent prises les décisions déterminant l'aspect final de la réalisation.

— Dans le même temps, Thomas Rebutato faisait réaliser les travaux de terrassement à l'emplacement de la construction.

— Le bâtiment a été acheminé en pièces détachées par voie maritime, puis par rail depuis Ajaccio jusqu'à la gare de Cap-Martin. Rebutato en prit livraison et en assura le transport (à dos d'homme) jusqu'au terrain de l'Etoile de mer.

— Les opérations de montage ont été exécutées par Charles Barberis et un manœuvre, sous le contrôle de Jacques Michel, délégué par L.C. pour superviser les travaux et établir les documents d'exécution pour l'installation électrique et la plomberie.

— L'installation électrique a été exécutée par un artisan niçois, la plomberie a été réalisée par Thomas Rebutato qui, à cette occasion, renouait avec son ancien métier.

Le 5 août 1952, L.C. était à Cap-Martin et prenait possession de son cabanon, enfin réalisé. Le coût total de la construction s'élevait à 400.000 anciens francs. Au regard du projet dessiné, la réalisation apparaît pour le moins surprenante. Non pas du fait des transformations radicales — elle demeure conforme au permis de construire — mais parce qu'elle comporte un ensemble d'options inattendues, concernant aussi bien le traitement de détails que les matériaux mis en œuvre, dont certaines, de la plus anodine à la plus manifeste, sont révélatrices des attitudes de L.C. sur le chantier.

54

Le cabanon, angle sud-est.

Le cabanon, façade est ; dans l'encadrement de la fenêtre, deux tableaux : volet ouvert, le paysage méditerranéen ; volet fermé : une fresque de Le Corbusier.

La conception de détails d'assemblages avait été particulièrement soignée lors du projet dessiné. Un problème particulier a cependant été traité sur le chantier. C'est celui des assemblages entre les panneaux de contre-plaqué recouvrant les parois intérieures. Pour cacher des fausses équerres, ou des joints imparfaits, des baguettes cachent les raccords entre panneaux. Quelque temps après la construction, L.C. demandera à Charles Barberis de les supprimer « afin de rétablir l'unité entre les parois verticales et horizontales [17] ». Ces baguettes avaient constitué la seule exception à la pratique généralisée de l'assemblage brut des éléments de la construction. Le fait, qu'après coup, L.C. en demande la suppression montre à nouveau que son approche du détail architectural est davantage conçue en termes de principes esthétiques d'ensemble qu'en termes de solutions apportées à des problèmes particuliers.

Conséquence de la défection de Jean Prouvé, les huisseries prévues en métal ont été réalisées en bois. Les solutions techniques alors retenues respectent le principe de l'assemblage « brut ». Ainsi, les dormants sont de simples planches clouées contre les faces des tableaux (« des tapées ») et les ouvrants sont de rudimentaires cadres de bois assemblés par des équerres métalliques. Fenêtre fermée, l'ouvrant est directement plaqué contre le dormant, sans dispositif d'étanchéité. Les fenêtres étant placées au nu des façades, des problèmes d'infiltrations se poseront rapidement à la fois entre la charpente

17. L.C. écrit à Barberis le 4 septembre 1958 à ce propos (F.L.C., M2(9)252).

18. Jacques Michel écrit, pour L.C. : « La solution actuelle n'est pas rationnelle pour l'étanchéité » le 9 janvier 1953 (F.L.C. M2(9)247).

et le dormant et entre le dormant et l'ouvrant. Envisageant le développement en série du cabanon, L.C. demandera à Barberis de concevoir d'autres solutions techniques pour les fenêtres [18].

La plupart des éléments de serrurerie ont été fabriqués expressément pour le cabanon. Ce ne sont pas des produits standard. La simplicité et la rudimentarité ont prévalu dans leur conception. Les loquets fermant les volets sont de simples morceaux de bois taillés au couteau. Les serrures des fenêtres pourraient apparaître comme des ancêtres de l'espagnolette.

La décision de chantier la plus marquante quant à l'aspect final de la réalisation a été le choix du revêtement de façade. Le principe du bardage étant acquis depuis le début du projet, la modification a porté sur le matériau retenu. A l'origine, c'était l'aluminium, puis on se décida pour un bardage régulier en planches ordinaires à joints horizontaux (elles apparaissent sommairement représentées sur le dossier de permis de construire). Finalement, c'est alors que le cabanon était déjà en cours de fabrication que L.C. opta pour un bardage en « dosses de pin » (planches taillées dans l'aubier de l'arbre et rabotées sur une seule face). Pourtant le projet initial était techniquement viable et les conditions pratiques réunies pour le mener à terme. Il est donc vraisemblable qu'une intention d'ordre esthétique soit à l'origine de cette modification essentielle quant à l'aspect final de la construction.

Si dans les réalisations antérieures de L.C. la mise en

œuvre des matériaux bruts est courante, elle est cependant clairement circonscrite à des éléments architecturaux simples et qui ne sont en général pas conçus indépendamment de la globalité du projet. Ici, en revanche, les dosses recouvrent indistinctement la moindre partie visible des façades, L.C. déclarant à ce propos « l'extérieur et la toiture sont indépendants du problème posé... » [19]. Et l'extérieur du cabanon montre davantage d'affinités avec les représentations populaires de la cabane de rondins qu'il n'offre d'indices sur la complexité du projet.

       Paradoxalement, ce mode de traitement, sans épaisseur, de la façade semble plus proche des réalisations corbuséennes des années vingt que de celles contemporaines du cabanon ; la référence au vernaculaire canadien substituée à la symbolique puriste en une sorte de lapsus architectural qui donne la mesure de l'investissement personnel de l'architecte dans son « humble baraque ».

19. L.C., *Œuvre complète, 1946-1952*, p. 62.

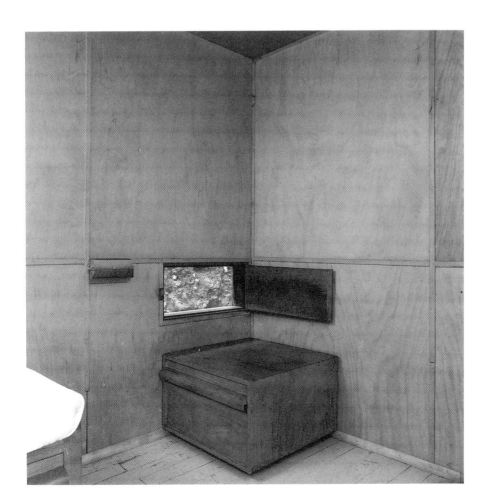

Le cabanon, la zone de séjour et les ouvertures vers le sud. La paroi intègre plusieurs fonctions : séparation entre dedans et dehors, support d'aménagements internes, cadrages des vues sur l'extérieur.

Le cabanon, lit et étagères.

Le cabanon, fenêtre et table basse : mobilier et architecture sont assimilés au même univers formel.

C'est presque sur un concours de circonstances que L.C. s'engage dans les projets de développements du cabanon. Le sien le satisfait au-delà de toute espérance et, face à l'objet enfin construit, il découvre la possibilité de nouvelles applications. Se manifeste, là encore, sa capacité à tirer parti de chaque opportunité pour élargir le champ de ses investigations, à profiter de la moindre conjoncture pour confronter sa pensée au réel et expérimenter de nouvelles solutions architecturales. Ici la démarche projectuelle de L.C. évolue plus par digressions que par mise en œuvre méthodique d'une intention générique. Cela explique en partie l'écart existant au sein d'une même hypothèse de travail entre les divers projets de développement du cabanon.

La plupart de ces projets sont restés à l'état d'esquisses et seuls deux d'entre eux sont susceptibles de permettre une reconstitution significative. Il s'agit d'une part des « Unités de vacances », reprise du contenu programmatique du projet Rob, révélatrices d'une nouvelle approche du thème de la flexibilité et d'autre part des « Unités de camping », construites en 1957 à quelques mètres du cabanon.

LES UNITES DE VACANCES

Au mois de juillet 1952, alors qu'il voyage entre Cap-Martin et Ajaccio pour surveiller la construction de son cabanon, L.C., mettant à profit

OÙ LE CABANON DEVIENT STANDARD ARCHITECTURAL

quelques moments de tranquillité, recherche de nouvelles solutions d'aménagement pour le terrain de l'Etoile de mer. Il doit reformuler le projet Rob en instrumentant différemment la construction, car la rentabilité de sa proposition initiale n'était envisageable que par la réutilisation du procédé de préfabrication du projet Roq, désormais abandonné.

Ainsi, les unités de vacances prennent exactement la place de Rob dans le plan d'aménagement du terrain de l'Etoile de mer : il s'agit du groupement de cinq logements mitoyens dont l'emplacement prévu est situé en contrebas du cabanon de L.C. à la limite de la zone publique maritime. L.C. semble s'être fortement impliqué dans ce projet qui poursuit son vieux rêve d'organiser un atelier d'été à Cap-Martin. Il lui consacra beaucoup de temps, allant jusqu'à prendre lui-même en charge le montage juridico-financier de l'opération.

Le déroulement de l'étude est directement dépendant de la complexité et des difficultés du montage de l'opération immobilière. Il s'étend sur une période de trois ans à compter des premières esquisses, mais en fait il ne lui sera consacré qu'environ six mois du travail d'une personne à plein-temps. Le reste du temps sera consacré aux tractations pour trouver des finances, à régler des problèmes fonciers et à créer une société immobilière.

On se limitera ici à retracer la chronologie de la conception en s'efforçant de mettre l'accent sur les évolutions principales du projet.

62

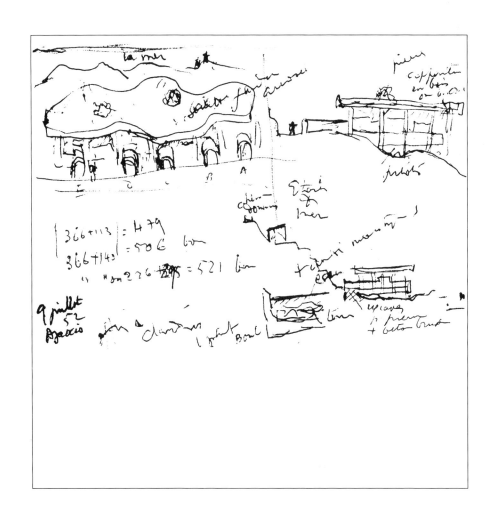

Rob, esquisses ; « la mer / galette jardin arrosée — pierre / appartements en bois ou incombustibles / pilotis — 366 + 113 = 479 / 336 + 140 = 506 bon / ou 226 + 295 = 521 bon — chemin douanier / Etoile de Mer / + antimoustiques / eau / terre / excaver p. pierre + béton brut / mer », Ajaccio, 19 juillet 1952 (*Carnets 2, 1950-1954*, feuillet 802).

Dessinées le 19 juillet 1952, les premières esquisses des unités de vacances représentent, allongée parallèlement à un rivage et reposant sur une trame de poteaux, une grande dalle de béton sous laquelle sont abritées de vagues constructions en bois qui semblent reproduire le modèle de « l'appartement en longueur » avec double volume sur le séjour. A ce moment, le cabanon n'est encore qu'un vulgaire tas de planches entreposées au fond d'un hangar...

Le 5 août 1952, L.C. est à Cap-Martin où il prend possession de son « humble baraque » enfin construite. Il a repris ses recherches sur les unités de vacances et, par une nouvelle série d'esquisses, tente de préciser les hypothèses de projet qu'il avait formulées à Ajaccio. Sous la dalle, à la place des appartements prévus à l'origine, il envisage d'insérer des cabanons identiques au sien : la série des projets d'application du « type cabanon » est inaugurée.

Il faut noter qu'ici la forme du groupement n'est pas le résultat d'une juxtaposition. Le tout est conçu indépendamment des parties : l'extérieur n'est pas affecté par l'aménagement intérieur et réciproquement. La cohérence formelle du projet et les conditions de son adaptation au site sont réalisées par l'intermédiaire d'une mégastructure. Celle-ci est divisée en cinq parties égales par des murs de refend, chacune de ces subdivisions constituant l'espace d'un logement. Cette logique d'ensemble du projet étant acquise, L.C. peut se consacrer à la conception d'un modèle de logement. Sa démarche fait apparaître deux niveaux de

63

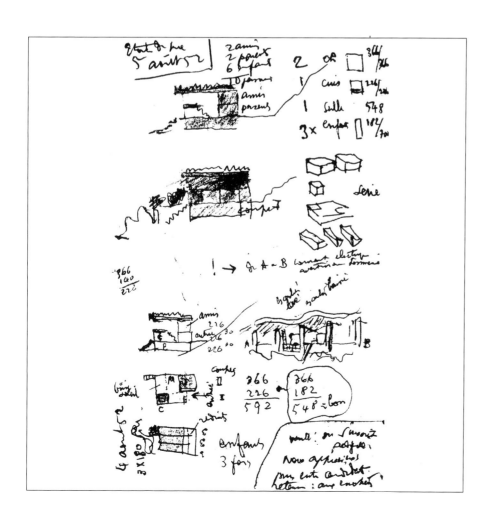

Rob, esquisses; « 2 amis / 2 parents / 6 enfants / 10 personnes / amis / parents — 2 ch. / 366 / 366 / 1 cuis. / 226 / 226 / 1 salle / 548 / 3x enfants / 182 / 700 — amis / coupe / série — ! de A à B courant électrique avertisseur sonnerie — amis / entrée — escalier levé / escalier baissé — brise-soleil / entrée / coupes 366 / 266 = 592 / ou / 366 / 182 / = 548 = bon — enfants 3 fois », Etoile de mer, 5 août 1952 (*Carnets 2, 1950-1954*, feuillet 806).

conception du modèle.

Au niveau global est conçue l'enceinte du logement. De plan rectangulaire, elle est délimitée longitudinalement par les murs de refend et divisée en hauteur par trois niveaux de plancher. Les faces avant et arrière qui donnent respectivement sur la mer et sur les terres ne sont pas closes.

Au niveau élémentaire est conçue la série des volumes standard qui seront insérés à différents étages de l'enceinte du logement ; ils sont au nombre de trois :

— les chambres d'adultes reproduisent le modèle du cabanon de 366 x 366 x 366 ;

— les chambres d'enfants dont la conception n'est pas précisée sont inscrites dans une enveloppe parallélépipédique de 182 x 700 x 876 ;

— les cuisines reproduisent le modèle conçu pour l'unité d'habitation ; elles mesurent 226 x 226 x 226.

La logique de conception de ces éléments standard peut être considérée comme une application systématique du concept « bloc technique » à toutes les parties constitutives de l'espace du logement. De même, le mode d'insertion des éléments aux différents étages de l'enceinte habitable est un aboutissement du modèle théorique du plan libre. Ainsi, les données programmatiques ont été directement transformées en organes standard, disposables librement, manipulables à volonté, selon les besoins et/ou afin de créer des enchaînements de situations spatiales favorables.

64

Ces organes sont disposés à la périphérie de l'espace habitable ; ils en assurent partiellement la clôture à l'avant et à l'arrière. Le reste des façades est formé par un dispositif machinique qui regroupe un brise-soleil, des panneaux escamotables ainsi qu'un escalier mobile, sorte de pont-levis qui permet l'accès direct à la mer depuis les logements ou qui, rabattu sur la façade, constitue un élément de fermeture. Lorsque les façades sont ouvertes, l'espace interne non occupé par les organes standard est transformé en plage artificielle.

Le 27 septembre 1952, alors qu'il passe le relais à ses collaborateurs, L.C. donne par écrit une description de l'espace qu'il a conçu : « Application d'un espace habitable de 366 x 366 x 226. Principe : deux planchers calfatés, système pont de bateau, ici sur le plan niveau 2 et niveau 3 (le niveau 1 étant les rochers) reposent sur un solivage soutenu par des corbolets de béton encastrés dans deux murs. Sur ces planchers nous édifions librement nos 366 préfabriqués à l'usine, complètement équipés, meubles, lavabos, water, éclairage, etc. L'espace restant est utilisé au niveau 2 en atelier, au niveau 3, dénommé "carré", nous installons une cuisine également préfabriquée et un water commun. L'espace libre est la salle de séjour. Deux pans de bois ferment et ouvrent sur la mer. Le niveau 4 est destiné au rangement des bagages, ou pour dormir quand il fait chaud. A l'arrière, en deçà des structures extérieures, les cloisons des 366 assurent la fermeture d'ensemble, prolongées au niveau 4 par un pan de bois ouvrant. Le tout est couvert par une dalle de béton, liant les constructions les unes aux autres, et sur laquelle pousse librement la végétation méditerranéenne [1]. »

Les multiples références au bateau de plaisance seront retranscrites naïvement, ou sur le mode humoristique, dans des dessins réalisés par un collaborateur de l'Atelier de la rue de Sèvres.

A ce stade du processus, les principes fondamentaux du projet ne sont pas modifiés. On note des changements mineurs dans le plan d'implantation, mais l'essentiel du travail est consacré à la mise au propre de la définition d'un logement qui, hormis la suppression de l'élément standard « chambre d'enfants », évolue peu. Le type « Unité de vacances » est dessiné à l'échelle 1/20 et le 9 janvier 1953 un dossier de plan est adressé à Charles Barberis pour qu'il fasse une étude de prix.

Dès ce moment, le projet entre dans une longue phase de sommeil, de nombreuses difficultés s'opposant à une conclusion rapide de l'opération. D'une part Rebutato n'entend pas mettre son terrain à disposition sans en tirer quelque profit. Il reste très méfiant devant l'offre de L.C. de le dédommager en l'intéressant au bénéfice de la vente des constructions. D'autre part, L.C. ne trouve pas l'argent nécessaire pour financer l'opération.

Le 6 mai 1954 la situation se débloque, en partie, lorsque L.C. prend contact avec Tadjer Harris, riche Américaine, qui accepte de mettre sa fortune à concours. Dès lors, le processus de projet est accéléré. Un plan d'implantation est défini d'après un relevé précis du

1. Note de L.C. à l'Atelier de la rue de Sèvres le 27 septembre 1952 (F.L.C., M2[9]57).

65

Unités de vacances, façade ouest, 22 décembre 1953 (FLC 18917).

Unités de vacances, façade ouest, 19 mai 1954 (FLC 18835).

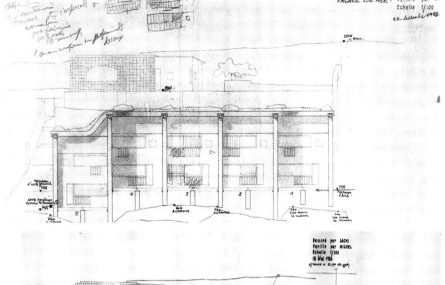

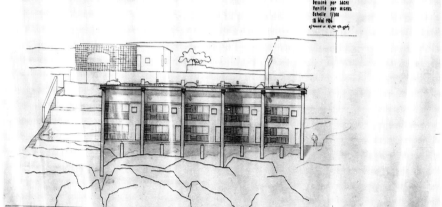

terrain, qui prévoit la séparation de la rangée en deux parties décalées. Les façades sont rapidement dessinées et, dès la fin juin, une demande de permis de construire est déposée. Elle sera accordée par dérogation le 17 août 1954 grâce à l'intervention de Claudius-Petit [2].

Toutefois L.C. ne réussit toujours pas à se rendre acquéreur du terrain. Rebutato fait monter les prix, l'engage par un premier versement, puis révèle que le terrain est hypothéqué... Les deux hommes semblent parvenir à un accord qui prévoit un règlement en plusieurs temps, ainsi que la construction, aux frais de L.C., de cinq petites chambres à usage hôtelier, dont Rebutato serait le propriétaire et l'exploitant (ce seront les unités de camping).

Optimiste, L.C. fait dessiner les plans d'exécution définitifs de l'unité de vacances au mois de décembre. Une modification importante apparaît dans le dessin des façades : alors qu'auparavant elles étaient traitées en deçà du nu extérieur des murs de refend, et s'interrompaient entre chaque logement, elles sont maintenant d'un seul tenant et englobent uniformément tout le groupement. Le matériau devant les constituer est de la tôle d'aluminium finement nervurée. Un fort contraste est ainsi instauré entre la définition de la structure porteuse, en matériaux grossiers, conçue selon le principe archétypal du mur de refend et la sophistication technologique des éléments de façades et d'aménagements internes.

Au mois de février, alors que les entreprises sont prêtes

2. Lettre de Eugène Claudius-Petit à L.C. le 6 septembre 1954 : « Pour vos quelques logements de vacances [...] dès le reçu de votre lettre, j'avais demandé au directeur départemental de faire le nécessaire. » (F.L.C., M2[9]52).

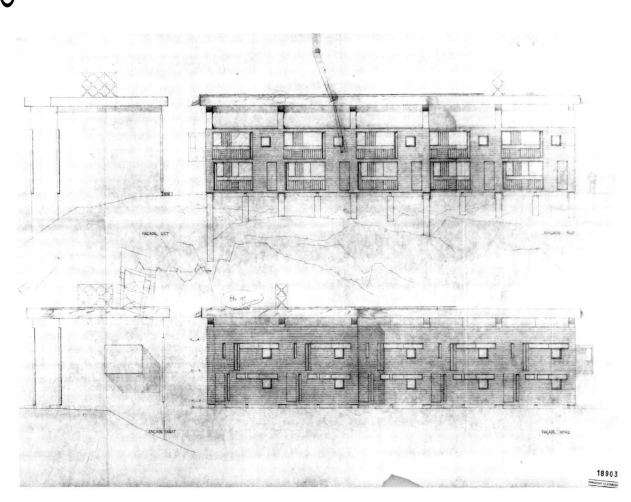

18903

à intervenir, L.C. se rend à Cap-Martin. Dans la nuit du 15 au 16 une violente tempête se lève sur la Côte d'Azur. Depuis son cabanon, L.C. voit la mer pousser d'énormes vagues à l'assaut du terrain où est envisagée la construction, jusqu'à le submerger complètement. Il établit un relevé précis des dégâts occasionnés par la tempête, relevé qui lui servira à justifier son renoncement à la construction de l'unité de vacances. Ainsi il se retire l'honneur sauf d'une opération qui peu ou prou était destinée à l'échec.

Lorsque André Wogenscky apprend l'abandon du projet, il manifeste un certain soulagement, l'obstination de L.C. étant selon lui vouée à pure perte. Cela apparaît clairement dans une lettre qu'il envoie à Charles Barberis pour lui annoncer le renoncement de L.C. ; « Mais, car il y a toujours un mais [3] » lui commander la construction des unités de camping que L.C. dit vouloir « offrir » à Rebutato. Contre ce « cadeau » il obtiendra un acte de propriété en bonne et due forme de la parcelle où est construit son cabanon. De cette façon, L.C. s'assurera la jouissance définitive de son « humble baraque ».

LES UNITÉS DE CAMPING

Présentées dans *Le Modulor II, la parole est aux usagers* à la suite du cabanon, dans la série des performances architecturales réalisées par L.C. grâce au Modulor, les unités de camping battent tous les records en temps de conception : « Le 29 août 1954 [...] en une demi-heure, pour

3. Lettre de Wogenscky à Barberis du 11 mars 1955 (F.L.C. M2[9]409).

4. *Le Modulor II, la parole est aux usagers, op. cit.*, pp. 252-255.

5. C'est ce que L.C. explique dans une note à l'Atelier de la rue de Sèvres, fustigeant ses collaborateurs chargés de la mise au point des unités de camping, le 2 novembre 1954 (F.L.C., M2[9]389).

6. Note pour Wogenscky le 29 septembre 1954 (F.L.C., M2[9]603).

7. F.L.C., M2[9]289.

8. F.L.C., M2[9]603.

67

Unités de vacances, projet définitif, décembre 1954 (FLC 18903).

Robert, tenancier d'un ''casse-croûte'' de la Côte d'Azur, j'ai fait les plans définitifs de cinq ''unités de camping'' à louer [...]. Une demi-heure [4] ! »

En fait, cette rapidité s'explique par deux séries de facteurs. D'une part, selon L.C., « cette construction procède du cabanon [5] » ; c'est-à-dire qu'elle en reprend des éléments intérieurs et surtout l'instrumentation constructive (la structure, les détails). Ainsi, une fois les esquisses dessinées et grâce à l'expérience acquise à l'occasion de la conception du cabanon, les travaux d'approfondissement et de mise au propre du projet prendront très peu de temps. D'autre part, pour ce projet, L.C. travaillait à perte, et ce à double titre, puisqu'il devait à la fois concevoir et financer la construction. Donnant des directives à ses collaborateurs pour l'établissement du plan des unités de camping, L.C. s'efforcera de minimiser les ambitions du projet : « Imaginez les gargotes de Joinville-le-Pont, ou de Chenevières-sur-Marne où on va pour manger la friture et chatouiller... le goujon. Les gens n'en demandent pas tant que cela [6]. » Il insistera aussi sur la nécessité de parvenir à un faible coût de construction : « On doit employer les matériaux les plus ordinaires » et « les millions dans cette affaire-là sont hors de propos [7] ». Puis, trouvant le moyen de réaliser une économie, mais aussi montrant un désintérêt certain pour la construction : « On peut envisager que Rebutato montera cela lui-même [8] ».

Ces quelques déclarations, à l'usage interne de l'Atelier de la rue de Sèvres, offrent un singulier contraste avec une dithyrambe formulée dans *Le Modulor II* : « Cinq unités de camping, qui offrent en volume et en dispositions les ressources de confort d'une cabine de luxe à bord d'un liner [9]. »

Dès lors on ne doit pas attendre de l'analyse du processus de conception qu'elle révèle les traces d'un travail approfondi sur le projet. Pour ce qui est du projet dessiné, il met tout au plus en évidence l'efficacité du « métier » de L.C. Enfin, l'intérêt, tout relatif, du processus de conception réside surtout dans les modifications que L.C. apportera au projet pour remédier à certains desiderata de Rebutato ; ce qui ne manquera pas de se traduire par quelques paradoxes.

Le projet d'unités de camping reprend un élément du programme de l'ancien projet Rob. La construction d'une rangée groupant douze chambres pour campeurs avait été envisagée dès 1950. Elle devait prendre place sur le terrain de l'Etoile de mer, à l'emplacement aujourd'hui occupé par le cabanon. Chaque chambre devait permettre le couchage de deux personnes et le rangement de leurs bagages, le tout dans un volume de 226 x 226 x 226. L'échec de « Rob » conduit L.C. et Rebutato à concevoir un nouveau projet qui reprend l'ancien programme en lui ajoutant quelques données : dans chaque chambre, dont le nombre est limité à cinq, il devra être possible de dormir, faire un peu de toilette, et demeurer quelque temps dans la journée sans être trop à l'étroit.

Le processus de conception du projet se décompose en deux temps :

9. *Le Modulor II, la parole est aux usagers, op. cit.*, p. 255.

Unités de camping, première esquisse, 29 août 1954 (FLC, Modulor II).

Unités de camping, projet définitif, novembre 1954 (FLC 18665).

— Les esquisses de L.C. traitent de l'aménagement interne et du position-nement sur le terrain d'une unité de camping. Les dessins d'agence qui suivront ne sont que la mise au propre des esquisses.

— Les études modificatives, exécutées par L.C. selon les directives de Rebutato, traitent de l'implantation précise du projet dans la parcelle et des dispositifs d'adaptation au terrain.

Dans les esquisses de L.C., la première définition du projet concerne les dimensions de l'enveloppe dans laquelle l'unité de camping sera inscrite. En plan, c'est un rectangle de 226 cm x 366 cm. Arbitrairement fixées avant toute autre définition du projet, ces dimensions s'intercalent dans la gamme de mesures du Modulor entre celles du volume alvéolaire et celles du cabanon.

Bien que le principe d'un groupement de cinq cham-bres soit retenu, le problème de l'implantation n'est traité que pour une seule unité de camping. La forme d'ensemble du groupement n'est conçue que comme produit de la répétition des principes définis pour l'élément de base. Les esquisses de L.C. représentent une unité de camping posée en porte-à-faux sur une terrasse existante employée comme assiette du posi-tionnement. On y accède par un passage étroit, coincé entre l'arrière de la construction et le mur de soutènement d'une terrasse supérieure. L'avant du bâtiment surplombe une pente abrupte qui descend vers la mer. Aucun prolongement entre les espaces intérieurs et extérieurs n'est envisagé.

69

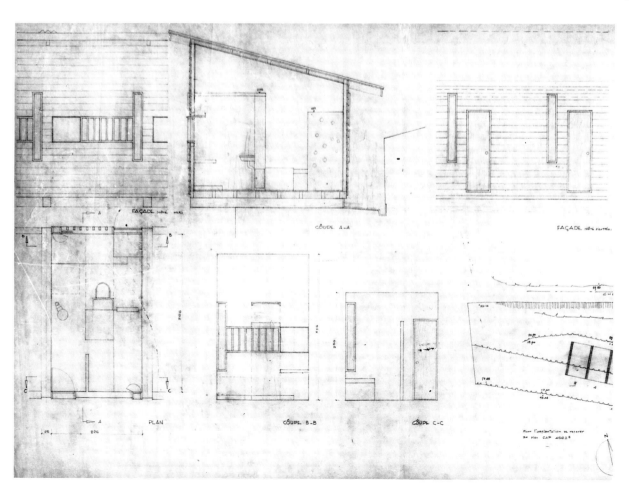

L'agencement intérieur de l'unité de camping est indifférent aux espaces extérieurs : il est conçu selon deux critères :
— partager quantitativement l'espace utile entre deux usagers potentiels ;
— donner à chaque usager les moyens de s'isoler.

Ainsi, ce sont des problèmes de partition et de cloisonnement de l'espace qui seront prioritairement abordés dans le projet. La division du plan est obtenue par l'application de la méthode de la « symétrie dynamique » qui décompose l'espace interne en trois parties distinctes. L'une d'elles, située dans le prolongement de l'entrée, est affectée à la distribution et est commune aux deux usagers de l'unité de camping. Les deux autres, de surfaces égales, sont réparties entre les usagers. Bien que leurs affectations fonctionnelles soient identiques (le couchage d'une personne), ces deux sous-espaces n'offrent pas les mêmes conditions d'habitabilité : l'un, situé contre la façade avant, sous une fenêtre, est fortement éclairé et n'a qu'un côté contigu avec le reste de l'espace interne, alors que l'autre, situé contre un mur mitoyen, est sombre et a deux côtés contigus au reste de l'espace interne.

Comme pour le cabanon, dans l'espace habitable, la différenciation des zones fonctionnelles et la caractérisation des situations spatiales reposent sur la disposition du mobilier. Deux meubles sont utilisés comme cloisons : il s'agit d'un portemanteau qui sépare une zone individuelle de repos de l'espace de distribution et d'une colonne sanitaire de même type que celle employée pour le cabanon, qui dans ce cas délimite

70

Unités de camping, façade sud. L'aménagement sous les pilotis est l'œuvre de Thomas Rebutato ; il est postérieur à la construction initiale.

Unités de camping, plan d'ensemble.

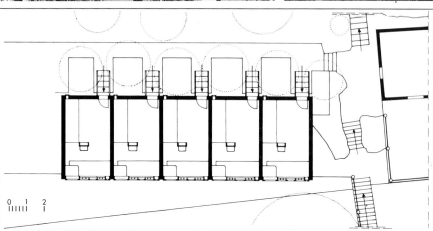

les deux zones individuelles de repos. Les autres meubles représentés dans l'esquisse sont identiques à ceux constituant l'aménagement interne du cabanon.

Bien que mené à l'aide des mêmes outils de composition et instrumenté de la même façon, le projet d'unités de camping n'atteint pas un niveau de maîtrise égal à celui du cabanon. Cela tient à la nature du programme qui, réduit à l'extrême, imposait de plus une stricte division de l'espace interne en deux parties indépendantes et isolables l'une de l'autre. Dès lors, dans un si petit volume, les éléments de cloisonnement viennent s'opposer à une conception dynamique de l'espace comme celle qui prévaut dans le projet de cabanon.

De plus, les esquisses de L.C. sont mises au propre par ses collaborateurs sans études complémentaires et communiquées directement à Charles Barberis afin qu'il étudie la construction. Les études modificatives ont été réalisées à la demande de Rebutato qui, lorsqu'il prit connaissance du projet, fit part de quelques remarques à L.C. La plus importante était que, construite de plain-pied, la rangée d'unités de camping occuperait une part non négligeable de son terrain et viendrait fort mal à propos prendre la place du jeu de boules, un des éléments les plus attractifs de sa guinguette. Au mois de mai 1956, lors d'un séjour de l'architecte à Cap-Martin, les deux hommes cherchent une solution au problème et c'est paradoxalement Rebutato qui propose d'avancer le bâtiment et de le construire sur pilotis au-dessus de la terrasse inférieure.

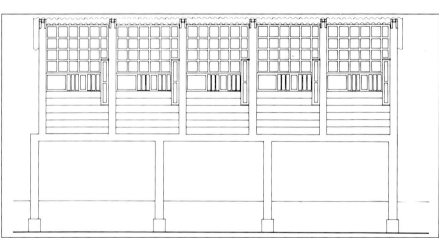

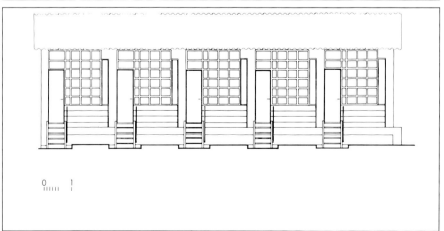

Unités de camping, façade sud (relevé).

Unités de camping, façade nord (relevé).

L.C. admettra ce point de vue...

LA CONSTRUCTION DES UNITÉS DE CAMPING

L.C. ne suivit pas la construction des unités de camping d'aussi près que celle du cabanon. Sous certains aspects même il s'en désintéressa. Pour comprendre ses raisons, il faut évoquer un des termes du marché sur la cession de la parcelle du cabanon conclu avec Rebutato. Un prix avait été fixé pour le terrain. L.C. restait à devoir 400 000 AF. Rebutato désirait être payé en nature par la construction des unités de camping au frais de L.C. Le marché fut conclu ; mais lorsque le projet lui fut communiqué, Charles Barberis évalua le coût de la construction à 800 000 AF. L.C. pensa un moment faire exécuter les travaux par quelqu'un d'autre.

Finalement, désirant rester en bons termes avec L.C., Charles Barberis accepta de réaliser les unités de camping pour la somme de 400 000 AF sous réserve de quelques modifications permettant de réduire les coûts. Conscient de la faveur que lui faisait Barberis, L.C. se garda bien d'émettre une quelconque remarque sur les moyens à employer pour diminuer le prix de revient, et il laissa Rebutato et Barberis « s'arranger » entre eux.
Ce ne fut pas facile. Les archives de la Fondation Le Corbusier regorgent de lettres dans lesquelles, d'un côté Barberis regrette que Rebutato exige des prestations et des ouvrages non inclus dans le marché, et de l'autre, Rebutato se plaint qu'on veuille le voler, que les matériaux utilisés sont de

72

Unités de camping, plan, coupe nord-sud et façade est (relevés) :
1. colonne lavabo ; 2. tablette ; 3. lits.

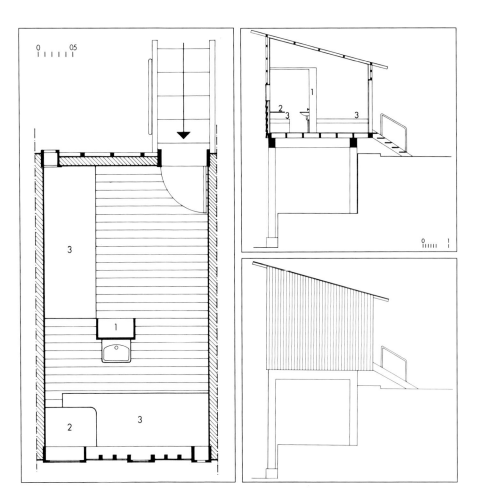

deuxième choix, que Barberis veut lui faire payer la main-d'œuvre en sus. Une source importante de conflit résidait dans le fait que le projet communiqué à Barberis prévoyait une construction de plain-pied, alors que le projet modificatif établi par Rebutato et L.C. envisageait une construction sur pilotis. On ne sait pas vraiment comment les choses se sont passées sur place, mais finalement, en 1957, les unités de camping étaient réalisées. Tout était bien qui finissait bien. Rebutato maugréait toujours un peu, Charles Barberis ne voulait plus en entendre parler...

Les unités de camping étaient construites mais n'avaient qu'une ressemblance lointaine avec le projet dessiné. La modification la plus importante se situait en façade ; alors que le projet prévoyait, sur toute leur surface, un bardage en planches, une fois réalisé, il s'arrêtait sous les allèges des fenêtres. Ainsi, au-dessus des linteaux, apparaissait l'ossature sur laquelle le reste du bardage aurait dû être cloué. D'une certaine façon, la diminution de la surface de bardage a permis la construction des escaliers d'accès aux chambres, rajoutés à la suite de l'élévation du bâtiment sur pilotis. On avait rogné ici ce qu'on avait rajouté là.

Une fois assurée la bonne fin du chantier, L.C écrit à Rebutato qu'il s'occupera de la polychromie et demande avec insistance qu'on ne touche pas au bâtiment avant qu'il ait donné son conseil. Parfois la couleur peut sauver des situations compromises... La polychromie intérieure des unités de camping sera réalisée à la manière du cabanon

73

Les unités de camping vues depuis la terrasse de l'Etoile de mer. Bâties sur pilotis, à contre-pente, les unités de camping sont détachées du site.

L'enfilade des escaliers d'accès.

74

L'espace interne d'une unité,
côté sud. La composition de la
paroi intègre la vue sur
l'extérieur.

La colonne sanitaire délimite
deux zones d'espace habitable.

La paroi intérieure d'une unité,
côté nord.

(couleurs vives au plafond, bois naturel ou couleurs neutres sur les murs). Pour les façades, le bardage en partie basse et le quadrillage en partie haute seront soulignés par une peinture marron. Le reste étant peint en vert clair.

On pourrait voir dans la mise en valeur des parties basses de l'édifice une réminiscence de soubassement, et dans le marquage du quadrillage en partie haute des façades, une évocation des architectures japonaises ou même ottomanes, en souvenir du *Voyage d'Orient.* Ce sont au moins autant les fruits d'une recherche d'économie dans la construction.

75

C'est dans la nature du cabanon, ou du moins des pratiques qui s'y déroulent, que de mêler le dedans et le dehors, de privilégier même le dehors par rapport au dedans. A Cap-Martin, on n'a pas dérogé à ce principe ; aujourd'hui de nombreux vestiges d'aménagements témoignent d'une occupation « active » des espaces extérieurs environnants.

Depuis la construction des unités de camping, la petite propriété de l'Etoile de mer est scindée en deux parcelles. On ne sait à la suite de quelles tractations de dernière heure L.C. et Rebutato se sont partagé le terrain. En principe, en vue de l'édification des unités de vacances, L.C. s'était porté acquéreur de 1 250 m² sur les 2 000 de la parcelle appartenant à Rebutato. Or, son domaine se limitera apparemment à 250 m² situé sur la terrasse d'une dizaine de mètres de profondeur sur laquelle est bâti le cabanon. Il est compris entre le mur mitoyen séparant le cabanon de la guinguette et la limite d'une propriété voisine. Rebutato demeurant quant à lui maître sur les 1 750 m² restants. Désormais une cloison sépare la terrasse de la guinguette et l'espace au devant du cabanon ; chacun est chez soi et s'y installe comme il l'entend.

Aménageant les lieux attenants aux unités de camping, Rebutato fait preuve d'une grande rigueur, pas tant dans la réalisation — les matériaux sont hétéroclites, la mise en œuvre est approximative et l'expression fantasque — que dans la conception fonctionnelle : il a affecté une fonction précise à chaque côté de la construction.

L'arrière est traité de façon à ce qu'on puisse accéder à

LES DÉLICES
DE LA COPROPRIÉTÉ

chaque chambre sans s'attarder devant les entrées des autres. Ainsi, hormis une allée de desserte cimentée qui longe la construction, le reste de l'espace est totalement occupé par des parterres et des bouquets d'arbustes. Il n'offre aucune place où l'on puisse demeurer. De cette façon, la tranquillité et l'intimité des chambres sont assurées.

L'avant, ou plutôt le dessous des pilotis a, au cours du temps, eu plusieurs fonctions : à l'origine, c'était un boulodrome, puis la clientèle se faisant plus « distinguée » — présence de L.C. ? — il fut utilisé en extension de la terrasse de la guinguette. Enfin, sentant sa mort proche, Thomas Rebutato y aménagea trois cuisines et une salle à manger. Ainsi, lorsqu'il ne pourrait plus nourrir ses hôtes, ceux-ci pourraient toujours préparer leurs repas sur place. Ce qui a son importance car l'endroit est isolé et on n'y accède qu'après une assez longue marche.

C'est lui-même qui a tout fait, à l'aide de matériaux de récupération et en « allégeant » la plage du Cabé de quelques-uns de ses galets. Il prenait un grand plaisir à les mélanger à des coquillages pour bâtir des jardinières ou ériger de sortes de tumulus. Il aimait aussi peindre sur ses murs de longues fresques où s'entrelaçaient pieuvres, étoiles de mer et monstres marins, rêves ou cauchemars de pêcheur passionné.

Quoique souvent présent sur place, L.C. n'intervenait pas dans les travaux de Rebutato ; au contraire, il l'encourageait à construire, décorer comme bon lui semblait. De ces réalisations, appartenant au domaine de l'imaginaire des jardins populaires, qui sont un

mélange touffu de naïveté, de « bon sens » et de fantastique, L.C. pouvait dire « la vie a toujours raison ». Peut-être même appréciait-il sincèrement le sens artistique de Rebutato puisqu'il tenta de le convaincre de peindre « sérieusement ». L'amitié qui unissait les deux voisins n'avait pas été atteinte par leurs démêlés en affaires. Pour preuve, dès qu'approchaient les vacances, le terrain du cabanon devenait un véritable petit chantier, où Rebutato et quelques acolytes, pratiquants fervents de l'Etoile de mer, préparaient la venue de l'hôte célèbre en réalisant les aménagements dont il avait eu l'idée lors de son précédent séjour.

Il faudra quelque trois années après sa construction pour que l'état du cabanon soit définitivement fixé. Pendant cette période, le bâtiment lui-même n'est pas modifié. Simplement L.C. s'y installe, le décore, termine les peintures murales, fait les vernis. Ce n'est pas tant sur les espaces internes que sur les espaces externes qu'il portera son attention. L.C. aime vivre — ou plutôt travailler — dehors ; et jusqu'à sa mort il n'aura de cesse que le terrain attenant à son cabanon soit complètement domestiqué et qu'y soient aménagés les lieux où, aux différentes heures de la journée, suivant la course du soleil, il puisse pratiquer ses activités d'écrivain et de peintre.

L.C. avait besoin d'espace. Déjà, le 2 octobre 1952, il avait dessiné une petite esquisse prévoyant d'implanter une « chambre de travail », tournée vers la mer, tout au bord de la terrasse, à une douzaine de mètres du cabanon à peine construit. En attendant la réalisation de ce projet, il fait dégager les broussailles et niveler le sol autour d'un caroubier à l'ombre duquel il installera sa table de travail. En 1953, il fait bâtir une dalle contre la façade est du cabanon. Il y travaillera en fin d'après-midi, lorsque le caroubier ne fait plus d'ombre ou bien s'il pleut et que le terrain est boueux.

Au mois de juillet 1954 Rebutato monte la « chambre de travail ». C'est une simple baraque de chantier, dans laquelle L.C. installera des tréteaux et une caisse en guise de tabouret. Plus que de lieu de travail — il y fait très chaud en été — elle lui servira à entreposer ses dessins, les galets qu'il ramasse sur la plage et les os qu'il récupère à la fin des repas.

Les espaces extérieurs du cabanon prennent leur forme définitive entre 1954 et 1955 après qu'a été bâtie l'allée qui relie les lieux importants du terrain (cabanon, dalle est, caroubier et baraque de chantier). Les modifications ultérieures seront mineures : petites plantations et dépose d'un bac à douche au pied d'un robinet d'arrosage — c'est la « salle de bain » de L.C.

La manière dont L.C. s'est peu à peu approprié la parcelle est quelque peu comparable à une pratique bien connue des cabanonniers marseillais : on l'appelle « l'avancée ». C'est le mode de croissance sauvage du cabanon qui, dans de multiples variantes, consiste à étendre la construction, ou son territoire, par à-coups successifs (les avancées) et assez discrètement pour que les autorités ne les remarquent

1. Dans *L'Atelier de la recherche patiente*, Paris, Vincent, Fréal et Cie, 1960, pp. 156-157

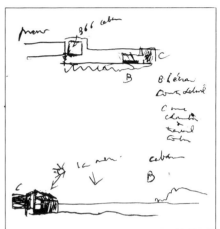

79

pas, ou bien trop tard. Bien sûr L.C. ne dépasse pas les limites de sa parcelle, sa « chambre de travail » est démontable, et son gravier est soigneusement ratissé. Mais en bon cabanonnier, il a étendu son territoire selon un scénario de « l'avancée » qui consiste à envoyer une baraque en éclaireur à quelque écart d'une construction existante, tout l'art étant par la suite de négocier élégamment la jonction.

Mais au-delà du pittoresque des appropriations successives du lieu, les aménagements de la parcelle du cabanon témoignent de l'incessante activité de recherche de L.C. Ici, son investissement était trop personnel pour autoriser une généralisation sur un thème programmatique. A propos de l'aménagement de sa parcelle, il se bornait d'ailleurs à des généralités telle « ici se reposer, là travailler [1] »... Il semble plutôt qu'à travers la conception de l'environnement de son cabanon, L.C. s'attache à expérimenter en termes purement spatiaux un mode de constitution d'objets architecturaux.

Par le simple positionnement de deux petites constructions aux angles opposés d'une parcelle, il délimite un espace, ni dedans ni dehors, poussant le modèle théorique du plan libre dans des limites idéales, où les organes sont des constructions standard totalement autonomes, des espaces habitables complets, utilisables comme tels, ou intégrés dans des compositions englobantes.

Le cabanon suppose la mise en circulation directe des objets architecturaux dans les cycles de production et de consommation,

Réalisé par Thomas Rebutato peu avant sa mort, l'aménagement de l'espace des pilotis prend la place d'un jeu de boules ; il comporte trois cuisines privatives et un salon-salle à manger collectif.

Le mur du cabanon mitoyen avec l'Etoile de mer est décoré d'une fresque.

L'aménagement du terrain du cabanon ; « pierre / 356 cabanes / la mer / cabane — B : 1 écran contre soleil / C / une chambre de travail corbu » ; 2 octobre 1952 (*Carnets 2, 1950-1954*, feuillet 836).

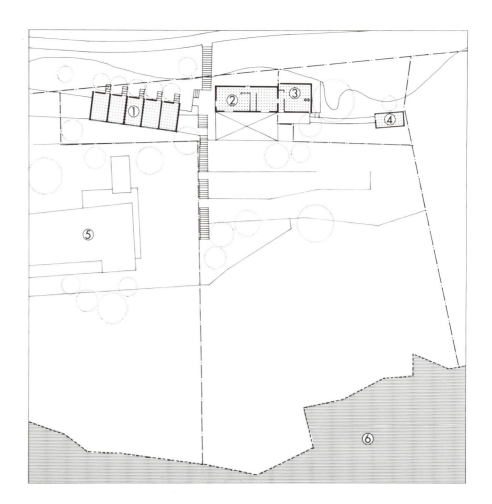

Les alentours du cabanon, plan général (relevé).
1. unités de camping ; 2. guinguette l'Etoile de mer ; 3. le cabanon de Le Corbusier ; 4. la baraque de chantier, « chambre de travail » de L.C. ; 5. villa E1027 (E. Gray, J. Badovici) ; 6. la mer.

L'atelier situé à l'est de la parcelle où Le Corbusier aimait travailler.

de manière analogue à d'autres produits, tels les automobiles ou — la comparaison semble plus adaptée — le mobilier. Ainsi, la parcelle de l'Etoile de mer peut apparaître comme le modeste champ d'une expérimentation sur un thème central de la doctrine corbuséenne et de la modernité.

Paradoxalement, cette concrétisation d'une utopie ne prend ce sens que parce qu'elle a été sans lendemain. On imagine que produit en série, le cabanon aurait rejoint la cohorte des coques, bulles et autres sous-produits de la modernité. L.C. s'en aperçut-il, qui refusa d'aller jusqu'au bout de la logique du cabanon et ne donna jamais le feu vert à Barberis pour en lancer la production ?

Il apparaît finalement que l'ensemble des projets de L.C. à Cap-Martin est composé de solutions architecturales d'essence opposée, aussi bien dans leurs structures formelles, que dans leur rapport au site local ou dans la manière dont ils sollicitent l'industrialisation de la production du bâtiment. Fondé sur le potentiel d'extension et de combinaison du module constructif tridimensionnel 226 x 226 x 226, le système mis en œuvre dans Roq et Rob peut se conformer aux caractères topographiques et fonciers de son site d'inscription jusqu'à en mimer le paysage. Ses capacités d'adaptation le rendent utilisable dans nombre de situations de projets et autorisent la production en masse de ses composants.

A l'opposé, les unités de vacances sont une solution qui, passant outre aux contraintes situationnelles du projet, reconstitue les conditions de l'application d'espaces standard, productibles en série mais ne possédant en eux-mêmes aucune faculté d'adaptation particulière. Sur ce plan, il ne semble pas abusif de considérer Cap-Martin comme le champ d'une confrontation expérimentale entre deux paradigmes de la flexibilité architecturale, la grille et la mégastructure, singulière préfiguration d'un débat qui prendra toute son ampleur et sa signification à partir des années soixante après la dissolution des CIAM, débat animé par les mouvements de contestation de l'architecture internationale et... de ses grands maîtres !

L.C. présente le cabanon comme « application révélatrice » des possibilités d'aménagement d'un module de la grille tridimensionnelle 226 x 226 x

|||||||||||||||||||||||||||||||||||||||||||||||||||||||||||||||||||||||||||||||||||||||||||||||||||||||||||||||||||||||||

L'ÉPISODE DE CAP-MARTIN DANS L'HISTOIRE DES MODELES ARCHITECTURAUX

226. On a vu toutefois que dans la logique d'enchaînement des propositions pour Cap-Martin, le cabanon est à l'origine des projets d'unités de vacances, à caractère mégastructurel.

A la fois reliquat d'un projet et ébauche de l'autre, le cabanon pourrait donc apparaître comme le rudiment d'architecture par excellence. Ce n'est pourtant pas dans le sens où Laugier (par exemple) considérait la « petite cabane rustique [...], modèle sur lequel on a imaginé toutes les magnificences de l'architecture ». Il convient en effet de moins le considérer comme un modèle d'espace que comme le produit conjoncturel d'un travail sur l'espace. Alors, et sans pour cela alimenter le mythe d'universalité auquel la quasi-totalité des doctrines architecturales ont voué la cabane, une lecture attentive du processus de conception du projet peut fonctionner comme une sorte d'heuristique du projet corbuséen. Replacé dans le contexte des propositions pour Cap-Martin, le cabanon rend perceptibles des aspects essentiels sur ce sujet et, dans sa modestie, plaide pour une architecture objet d'investissements savants, pour un projet architectural pratiqué comme création et gestion de la complexité.

84

Bibliographie

« La Capanna di Le Corbusier a Cap-Martin », *Domus* (Milan) n° 284, juillet 1953, pp. I.4-I.11.

« Le Corbusier's hut at Cap-Martin », *Kosukai Kentiku* (Tokyo), n° 3, 1954, pp. 13-14.

« Cabanon de Le Corbusier à Cap-Martin », *Art et Décoration* (Paris), n° 43, 1954, pp. 22-23.

« Attualita di Le Corbusier », Saverio Busiri Vici, Rome, La Pace Ed. 1966.

Boesiger, W., Le Corbusier, *Œuvre complète, 1946-1952*, Zürich, Artemis, 1970, pp. 54-63.

Boesiger, W., *Le Corbusier*, Zürich, Artemis, coll. « Paperback », 1972, pp. 94-101.

‖‖‖

87

|||||||||||||||||||||||||||||||||||||||||||||||||||||||||||||||||||||||||||||||||||||||||||||||||||||||||||||

S O M M A I R E

Cet ouvrage a été composé
en futura de corps 13
sur une maquette de
l'Atelier Graphithèses à Marseille.
Photocomposition : SMAP, Marseille.
Photogravure : Fotimprim, Paris.

Achevé d'imprimer le 22 février 1988
sur couché mat 150 grammes
des Papeteries JOB
par l'Imprimerie Tardy Quercy à Cahors
pour le compte des
Editions Parenthèses à Marseille.

Dépôt légal : mars 1988